Editorial **CLIE**

Como muestra de gratitud por su compra,

visite www.editorialclie.info
y descargue gratis:

"Los 6 consejos de Jesús para vivir en plenitud hoy"

Código:

PLENITUD24

El arrepentimiento

SALMO DEL PENITENTE

Salmo 51

C. H. Spurgeon

Editor Eliseo Vila

COLECCIÓN SALMOS

El Tesoro de David

EDITORIAL CLIE
C/ Ferrocarril, 8
08232 VILADECAVALLS
(Barcelona) ESPAÑA
E-mail: clie@clie.es
http://www.clie.es

© 2017 Editorial CLIE
Texto bíblico tomado de La Santa Biblia, Reina Valera Revisada® RVR®
Copyright © 2017 por HarperCollins Christian Publishing, Inc.®
Usado con permiso. Reservados todos los derechos en todo el mundo.
COLECCIÓN SALMOS

EL ARREPENTIMIENTO
ISBN: 978-84-16845-69-9
Depósito legal: B 17851-2017
VIDA CRISTIANA
Crecimiento espiritual
Referencia: 225043

Impreso en USA / *Printed in USA*

SALMO 51
Reina Valera Revisada (RVR)

Arrepentimiento, y plegaria pidiendo purificación
Al músico principal. Salmo de David, cuando después
que se unió a Betsabé, vino a él Natán el profeta.

⁵¹Ten piedad de mí, oh Dios, conforme a tu misericordia;
Conforme a la multitud de tus piedades borra mis delitos.

²Lávame a fondo de mi maldad,
Y límpiame de mi pecado.

³Porque yo reconozco mis delitos,
Y mi pecado está siempre delante de mí.

⁴Contra ti, contra ti solo he pecado,
Y he hecho lo que es malo delante de tus ojos;
Así que eres justo cuando sentencias,
E irreprochable cuando juzgas.

⁵Mira que en maldad he sido formado,
Y en pecado me concibió mi madre.

⁶Pero tú amas la verdad en lo íntimo,
Y en lo secreto me has hecho comprender sabiduría.

⁷Purifícame con hisopo, y seré limpio;
Lávame, y quedaré más blanco que la nieve.

⁸Hazme oír gozo y alegría,
Y se recrearán los huesos que has abatido.

⁹Oculta tu rostro de mis pecados,
Y borra todas mis maldades.

[10]Crea en mí, oh Dios, un corazón limpio,
Y renueva un espíritu recto dentro de mí.

[11]No me eches de delante de ti,
Y no retires de mí tu santo Espíritu.

[12]Devuélveme el gozo de tu salvación,
Y en espíritu de nobleza afiánzame.

[13]Entonces enseñaré a los transgresores tus caminos,
Y los pecadores se convertirán a ti.

[14]Líbrame de la sangre derramada, oh Dios,
Dios de mi salvación;
Y cantará mi lengua tu justicia.

[15]Señor, abre mis labios,
Y publicará mi boca tu alabanza.

[16]Porque no quieres sacrificio, que yo lo daría;
Si te ofrezco holocausto, no lo aceptas.

[17]Sacrificio es para Dios un espíritu quebrantado;
Al corazón contrito y humillado no lo desprecias tú, oh Dios.

[18]Haz bien con tu benevolencia a Sión;
Reedifica los muros de Jerusalén.

[19]Entonces te agradarán los sacrificios de justicia,
el holocausto y ofrendas enteras;
Entonces ofrecerán becerros sobre tu altar.

1

Título: *"Al músico principal"*. Ello significa que no fue escrito para ser utilizado exclusivamente en la meditación privada, sino también en el canto público o congregacional. Aunque especialmente indicado para la práctica de la piedad y penitencia personal en la intimidad,[1] este Salmo incomparable, se adapta a las necesidades de una asamblea de pobres en espíritu.[2]

---

[1] El Salmo 51 es parte esencial del conjunto de los llamados «salmos penitenciales» y que son los Salmos 6, 32, 38, 51, 102, 130 y 143, y los paralelismos entre algunos de ellos son más que evidentes, como es el caso evidente entre el Salmo 51 y el Salmo 32: (32:3 vs. 51:8; 32:5 vs. 51:3; 32:8 vs. 51:13). Al respecto dice JOSÉ Mª MARTÍNEZ [1924-2016] en "Salmos Escogidos": «Tal vez algunos de estos, en algún aspecto le superan. El 6 y el 38, por ejemplo, son más expresivos respecto al sufrimiento moral del penitente; en el 32, la confesión del pecado tiene un relieve del que carece el 51, y el 130 quizá es superior en vehemencia. Sin embargo, ninguno de ellos encierra tanta riqueza teológica ni resulta tan apropiado para guiar al pecador arrepentido a su restauración espiritual. Con razón ha sido denominado: *"Guía del pecador"*. Bajo el título de *"Miserere"*, ha sido usado o adaptado en la liturgia y en el canto de numerosas iglesias, a la par que incontables hombres y mujeres, individualmente, lo han hecho suyo como expresión de su convicción de pecado y de su confianza en la misericordia perdonadora de Dios».
[2] Mateo 5:3.

"Salmo de David". Ciertamente, es difícil entender que algunos autores se hayan atrevido a cuestionar, e incluso a negar, la paternidad de David en este Salmo; sus objeciones son frágiles y carecen de base. El Salmo 51 es un salmo davídico desde la primera a la última letra. Resultaría más fácil imitar literariamente a Milton,[3] Shakespeare[4] o Tennyson[5] que a David. Su estilo es único, absolutamente *sui generis*,[6] y tan fácilmente identificable como el diseño de Rafael[7] o el colorido de Rubens[8]. *"Cuando después que se llegó a Betsabé, vino a él Natán profeta".* Es decir, redactado y escrito una vez el mensaje divino despertó su conciencia dormida, haciéndole ver la magnitud de su pecado.[9] Mientras anduvo ocupado

---

[3] Se refiere al famoso político, filósofo, poeta y escritor inglés JOHN MILTON [1608-1674], autor de numerosas obras y conocido especialmente por sus poemas épicos y *"El paraíso recobrado".* Es una de las figuras más importantes de la literatura inglesa.

[4] Se refiere al famoso y conocido escritor inglés WILLIAM SHAKESPEARE [1564-1616].

[5] Se refiere a ALFRED TENNYSON [1809-1892], *Barón de Tennyson* y conocido como Lord Tennyson, uno de los escritores y poetas ingleses más famosos y populares del posromanticismo.

[6] Locución latina que se utiliza para identificar aquello que se distingue por su singularidad, excepcionalidad o rareza en su género o especie; algo único, imposible de clasificar. En este caso se entiende "con un estilo propio, único e inimitable".

[7] Se refiere a RAFFAELLO SANZIO [1483-1520], también conocido como Rafael de Urbino, uno de los más famosos pintores y diseñadores del Renacimiento.

[8] Se refiere al famoso pintor flamenco PETER PAUL RUBENS [1577-1640], líder de la escuela flamenca del siglo XVII, y considerado como el representante más genuino del estilo barroco.

[9] Con referencia a este título, AGUSTÍN DE HIPONA [353-429] destaca lo extraño que a largo de todo el salmo no se haga ninguna mención directa al pecado cometido por David, siendo que el título

dando rienda suelta a los impulsos y deseos de su carne,
se olvidó de la salmodia; pero tan pronto su naturaleza espiritual despertó del letargo, tomó de nuevo el arpa en sus
manos, dando vida una tras otra a las sentidas estrofas de
este cántico extraordinario, arropándolas con sus suspiros
y lágrimas. No hay excusa para el gran pecado de David;
pero sí es importante tener en cuenta que su caso presenta
una serie de características especiales, que sin alcanzar el
grado de atenuantes, vale la pena considerar. Era un hombre de pasiones fuertes, un soldado y un monarca oriental
con poder despótico; ningún otro monarca de su tiempo
habría tenido el menor reparo por un acto semejante ni
experimentado por ello la menor compunción; en consecuencia, no estaba bajo ningún tipo de presión social y
su acción no era por tanto escandalosa. Y a pesar de ello,
es remarcable que en el salmo no se plantea un solo atenuante ni argumento en defensa propia. Como tampoco

---

concreta la circunstancia (registrada con detalle en 2ª Samuel
11:1-12:15) de una forma tan clara. Y en ello ve una intencionalidad espiritual. «El título describe la conducta que debemos evitar
para caer en pecado; el cuerpo del salmo, la que debemos imitar
una vez hemos caído en él. Pues muchos son los que como David,
caen fácilmente en el pecado; pero después no están dispuestos a
levantarse de la misma manera que lo hizo él. El caso de David no
ha de ser en modo alguno justificación para caer, sino un ejemplo
de cómo proceder en caso de llegar a caer. La caída de los que
están más arriba jamás ha de servir de excusa para las que están
más abajo, sino de advertencia. Esta es la doble finalidad del título
y del salmo; como también la razón por la cual la Iglesia lo lee
y canta con tanta frecuencia. Ni la Escritura ni la Iglesia ocul-
tan y callan el pecado de un hombre tan prominente como David.
¡Presten buena atención al título aquellos que no han caído, y evi-
ten caer; lean con esperanza el salmo aquellos que ya han caído, y
aprendan a levantarse».

nosotros mencionamos estas circunstancias peculiares con miras a excusar su pecado, detestable en el más alto grado; sino más bien a modo de advertencia a los hombres y mujeres de hoy en día, instándoles a que reflexionen ante el hecho de que ciertas licencias que se conceden, y libertades que se permiten, pueden alcanzar niveles de culpabilidad y tener, comparativamente en la sociedad actual, consecuencias mucho más grave que las aplicables en el caso concreto del rey de Israel cuando cometió su yerro. Así que, al recordar su pecado, hagamos énfasis en su penitencia, y en la larga serie de castigos que este hecho le acarreó haciendo del resto de su vida una historia triste y luctuosa.

C. H. SPURGEON

Título: *"Cuando después que se llegó a Betsabé, vino a él Natán profeta".* Con esta acción, David se metió de lleno en la boca del lobo; penetró en la guarida del diablo;[10] y ello le acarreó innumerables males que se fueron acumulando y sobre imponiendo uno encima de otro. La desafortunada cadena de acontecimientos provocados por la lujuria de David podemos leerla con detalle en diversos pasajes del libro Segundo de Samuel.[11]

JOHN TRAPP [1601-1669]
"A commentary or exposition upon the books of Ezra, Nehemiah, Esther, Job and Psalms", 1657

---

[10] La expresión en el original inglés es *"devil's nest egg"*. La idea de la de poner el huevo en el nido del diablo, es decir, cometer un pecado que fructifica en otros, engendrando una multitud de pecados subsidiarios y relacionados. Hemos optado por sustituirla por una explicación equivalente.

[11] 2ª Samuel 11:1-27; 12:1-31.

Título: *"Cuando después que se llegó a Betsabé, vino a él Natán profeta".* La significativa repetición del verbo hebreo בָּא *bā* de בּוֹא *bô':* *"vino a...",* (*"vino a Betsabé"* y *"vino a él Natán"*) se pierde, lamentablemente, tanto, en la versión inglesa como en algunas otras versiones. Con respecto a la preposición אֵלָיו *'ēlāw* que nuestras versiones traducen por *"cuando",* es importante remarcar que en el sentido original del hebreo, no se trata una mera partícula de tiempo, sino que transmite más bien una idea de analogía de proporción y desquite, de una represalia equivalente.[12]

JOSEPH ADDISON ALEXANDER [1809-1860]
"The Psalms Translated and Explained", 1850

Estructura: Lo más simple es considerar los doce primeros versículos como las confesiones del penitente y su súplica por el perdón (51:1-12); y los siete últimos (51:13-19) como su gratitud anticipada, y la manera peculiar en la que resuelve exponerla.[13]

C. H. SPURGEON

---

[12] La idea es más bien: *"cuando vino contra él Natán"* o mejor aún *"cuando arremetió contra él Natán".*

[13] Una propuesta de división estructural un poco más amplia la aporta MATTHEW HENRY [1662-1714]: «Los versículos del uno al nueve (51:1-9), el penitente expone la gravedad de su pecado y la presencia dominante del mismo: *"reconozco mis rebeliones y mi pecado está siempre delante de mí"* (51:3). Del diez al diecisiete (51:10-17) se acoge a la virtud y el poder de la gracia: *"crea en mí, oh Dios, un corazón limpio y renueva un espíritu recto dentro de mí"* (51:10); *"en maldad he sido formado"* (51:5) y por tanto, no puedo librarme por mi mismo del yugo pecado si no es mediante una nueva creación mediante la acción de la gracia. Los versículos dieciocho y diecinueve (51:18,19); muchos eruditos consideran que no formaban parte del texto original del salmo, sino que fueron añadidos posteriormente por algún escriba en tiempos de la cautividad babilónica. Aunque otros opinan que sí formaban parte

Versión poética:

MISERERE MEI DEUS, SECUNDUM MAGNAM
MISERICORDIAM TUAM

Señor, ¡misericordia! a tus pies llega
el mayor pecador; mas ya contrito,
que a tu infinita paternal clemencia
pide humilde perdón de sus delitos.

Perdónale, Señor, oye piadoso
el doliente clamor de mis gemidos,
según la multitud de tus piedades
lava las manchas de mis muchos vicios.

Lávalas, mas Señor, haz que tu sangre
borre, y no deje más de mis delirios
que tu gloria de haberlos perdonado,
y mi dolor de haberlos cometido.

Conozco mi maldad, veo que es grande,
que no puedo ocultármela a mí mismo,
y sé que si tu sangre no la borra,
ha de ser para siempre mi suplicio.

Pequé, pequé, mi Dios, en tu presencia,
osado te insulté, fui tu enemigo,
mas perdón, justifica tus promesas,
y venza la piedad en tus juicios.

---

del cuerpo original, y que fueron escritos por David; bien sea expresando su deseo de completar la edificación de Jerusalén y el Templo, a pesar de lo anteriormente expuesto; o bien desde una perspectiva escatológica, en calidad inspiración profética».

Sé que soy delincuente, ¿mas qué mucho?
si vengo de un origen tan indigno,
si nací de mi madre en el pecado,
y de un semen infecto y corrompido.

Mas tú que la verdad amas piadoso,
te has dignado mostrarme compasivo
de tu sabiduría los decretos,
y de la confesión el beneficio.

Allí me rociarás con el hisopo,
con la sangre preciosa de tu Hijo
me lavarás, y quedaré con ella
más blanco que la nieve y el armiño.

A mi oído también darás entonces
con tu perdón consuelo y regocijo,
y mis huesos exánimes y yertos
serán ya de tu cuerpo miembros vivos.

Aparta, pues, tu vista de mis culpas,
vuelvan tus ojos a mirar a Cristo,
y lávame, Señor, con esa sangre,
que pródigo derramas hilo a hilo,

Un puro corazón crea en mi pecho,
y tan puro que sea de ti digno;
mi espíritu renueva, y haz que sea
tan recto como injusto fue el antiguo.

No me arrojes, Señor, de tu presencia
que eres nuestra salud, guía y camino,
alúmbreme tu luz, y no me quites
de tu Espíritu Santo el dulce auxilio.

Vuélveme a la alegría de tu gracia,
vuelve a reconocerme por tu hijo,
confírmame en tu amor, y que ya siempre
te sirva fervoroso y sometido.

Tu santo nombre alabarán las gentes,
tus sendas mostraré yo a los inicuos,
y admirando tu gran misericordia,
se te han de convertir aun los impíos.

Oh Dios de mi salud, Dios de clemencia,
líbrame del mortífero atractivo
de la carne y la sangre, y tu alabanza
mi lengua entonará todos los siglos.

Tú, Señor, abrirás mi torpe labio,
este labio, que tanto te ha ofendido,
mas ya ferviente cantará tu gloria
con cánticos amantes, gratos himnos.

Porque si tú quisieras otra ofrenda,
ninguna te negará el ardor mío;
pero no quieres tú más holocausto
que un puro amor, un ánimo sumiso.

Un espíritu fiel y atribulado
para ti es el más digno sacrificio,
y nunca has despreciado los clamores
de un corazón humilde y compungido.

Señor, pues amas y deseas tanto
salvar a tu Sión, dispón benigno,
que en la inmortal Jerusalén de mi alma
se labre de tu amor el edificio.

Aceptarás entonces las ofrendas,
los holocaustos que te son debidos,
y de tu altar mi corazón pendiente,
arderá en incesante sacrificio.

DEL "SALTERIO POÉTICO ESPAÑOL", SIGLO XVIII

2

Salmo completo: Este salmo es la joya más preciada de todo el Salterio y contiene instrucciones de un valor y contenido doctrinal tan importantes, que ni aún la lengua de los ángeles alcanzaría para hacer justicia a su contenido.

VICTORINUS STRIGELIUS [1524-1569]
"A third proceeding in the harmonie of King David's harp:
That is to say, a godly and learned exposition upon 17 Psalmes
moe of the princely prophet David, beginning with the 45 and
ending with the 61", 1595

Salmo completo: El Salmo 51 ha sido etiquetado con frecuencia y muy acertadamente: «LA GUÍA DEL PECADOR», pues aporta un auxilio importante al pecador arrepentido. Atanasio,[14] en uno de sus escritos dirigido a un determinado grupo de cristianos, les recomienda que lo repitan cada vez despierten por la noche. Todas las iglesias cristianas están familiarizadas con él. Y Lutero afirma al respecto que: «No hay otro Salmo que sea cantado o repetido como oración

---

[14] Se refiere a ATANASIO DE ALEJANDRÍA [296-373], conocido como SAN ATANASIO, obispo de Alejandría y gran apologista Cristiano; uno de los personajes más destacados de la antigüedad cristiana. Tuvo un papel destacado en el Concilio de Nicea defendiendo la divinidad de Cristo contra los postulados arrianos.

con mayor frecuencia».[15] Se trata del primer salmo donde aparece la palabra *Espíritu* aplicada al Espíritu Santo.[16]

WILLIAM SWAN PLUMER [1802-1880]
"Studies on the Book of Psalms: A Critical and Expository Commentary with Doctrinal and Practical Remarks", 1867

Salmo completo: No me queda la más mínima duda sobre el contenido y carga profética de este salmo en relación a Israel como nación. En los postreros días los judíos reconsiderarán sus caminos, y el resultado será arrepentimiento y repulsión por sus acciones cometidas en el pasado. Sobre el pueblo de Israel como nación pesa un homicidio, un delito de sangre mucho más horrible que el de David, y que precisa ser quitado. Pero cuando su iniquidad sea expiada y sus transgresiones purificadas, Israel será maestro de los gentiles.

ARTHUR PRIDHAM [1815-1879]
"Notes and Reflections on the Psalms", 1869

Salmo completo: El más conmovedor de todos los Salmos; y con total seguridad uno de los que mejor se

---

[15] De hecho, el Salmo 51 era uno de los pasajes favoritos de MARTÍN LUTERO [1483-1546] que lo citaba constantemente en apoyo a la doctrina de la justificación por la fe: «En él se demuestra claramente que la remisión de pecados no se lleva a cabo a través de las obras sino por la sola gracia y que las obras no justifican si no es por medio de la fe. No hay otra forma de redimir los pecados fuera de la remisión gratuita de los mismos; cualquier otra vía, propuesta o intento, no es sino producto de la imaginación humana. El salmo entero, de principio al fin, es una demostración evidente de que ninguna obra humana sirve para aplacar la cólera de Dios ni hacernos merecedores de la gracia».

[16] En hebreo וְרוּחַ קָדְשְׁךָ *wərūaḥ qāḏšekā*, de רוּחַ *ruach*, "Espíritu" y קֹדֶשׁ *qodesh*, "Santo".

me aplica de modo personal. Brota como efusión de un alma dolorida por el sentimiento de una transgresión grave y reciente. "¡Dios mío, sean o no recientes, hazme sentir la gravedad de mis múltiples ofensas; y no hagas memoria ni me tengas en contra los pecados cometidos en mi juventud!". ¡Qué oración tan emotiva y, a la vez, qué mina tan profunda de pensamientos nobles encierran estas estrofas!:[17] «¡Lávame, límpiame, oh Señor, y haz que mi pecado y mis transgresiones estén siempre delante de mí! ¡Haz que solo sienta que he pecado contra ti; y que por tanto, tu sentencia es justa y tu juicio irreprochable! ¡Hazme entender la virulencia de la corrupción que habita en mi interior desde el día mismo en que nací; y purifícame totalmente de ella, sustituyéndola por ti en lo más profundo de mi ser; para que mi propósito de enmienda sea, verdaderamente, un punto de inflexión en mi vida y un regreso a los brazos del Salvador! ¡Haz de mí, oh Señor, una nueva creación! ¡Y no me retires tu Santo Espíritu, al contrario, haz que me regocije en el gozo de tu salvación! ¡Líbrame, oh Señor, de la culpa sangrienta de haber obrado en contra de otros, aun del más insignificante de esos pequeños que te aman; y abre mis labios para que pueda testificar sobre las cosas maravillosas que has realizado en mi alma, y con ello, ofrecerte sacrificios espirituales! ¡Y no permitas que ninguna de mis faltas y delitos sea motivo de escándalo

---

[17] Se dice que el filósofo ateo francés VOLTAIRE [1694-1778] en cierta ocasión trató de escribir una parodia del Salmo 51 en forma jocosa y con el estilo irreverente que le caracterizaba. Pero al llegar al versículo 10: *Crea en mí, oh Dios, un corazón limpio, y renueva un espíritu recto dentro de mí*", se sintió tan impresionado que fue incapaz de seguir adelante. Rompió el manuscrito y abandonó el proyecto.

que repercuta sobre tu Iglesia: purifícala y edifícala, para que incluso sus elementos y actos externos, libres de toda mancha de corrupción o hipocresía, sean agradables a tus ojos».

THOMAS CHALMERS [1780-1847]
"Lectures on the origin and growth of the Psalms", 1880

3

Vers. 1. *Ten piedad de mí, oh Dios, conforme a tu misericordia; conforme a la multitud de tus piedades borra mis rebeliones.* *[Ten piedad de mí, oh Dios, conforme a tu misericordia; conforme a la multitud de tus piedades borra mis delitos.* RVR] *[Ten compasión de mí, oh Dios, conforme a tu gran amor; conforme a tu inmensa bondad, borra mis transgresiones.* NVI] *[Ten piedad de mí, oh Dios, conforme a tu misericordia; conforme a lo inmenso de tu compasión, borra mis transgresiones.* LBLA]

Ten piedad de mí, oh Dios. David apela directo y de inmediato a la misericordia divina; antes incluso de exponer su pecado. La visión de la misericordia resulta especialmente agradable a los ojos que se duelen por el llanto penitencial. El perdón del pecado siempre ha de ser un acto de pura misericordia, y por tanto, es a este atributo divino al que ha de dirigirse directamente el pecador que despierta de su letargo.

Conforme a tu misericordia.[18] ¡Obra, oh Señor, conforme es propio de ti; otorga misericordia en la medida que

---

[18] La Versión Griega de los LXX lee: ὁ μέγας ἔλεος que la *Vulgata* traduce como: *"secundum magnam misericordiam tuam"*,

corresponde a tu infinita misericordia; muestra una misericordia coherente y congruente con tu gracia:

«Gran Dios, si tu naturaleza no tiene límites,
que tampoco los tenga tu amor perdonador»[19]

La versión inglesa utiliza en este texto como equivalente del término hebreo כְּחַסְדְּךָ *kəhasdəḵā* de חֶסֶד *checed*,[20] [que nuestras versiones españolas de la Biblia traducen como *"misericordia"*][21] una palabra muy significativa: *"lovingkindness"* [*"According to thy lovingkindness"*, KJV];

"conforme a tu grande misericordia". Sobre ello comenta AGUSTÍN DE HIPONA [353-429]: «Quien suplica pidiendo *"grande misericordia"* es porque ha cometido "grande delito" y tiene "grande culpa" que confesar. A aquellos que pecan en la ignorancia, les basta con pedir un poco de misericordia; pero los que como David pecan con premeditación y alevosía, no les queda sino implorar *"grande misericordia"*, pues la necesitan. Por ello exclama: *"Ten piedad (...) conforme a la multitud de tus piedades borra mis delitos"*. Sáname de mi pútrida herida conforme al poder y la perfección de tu extraordinaria medicina. Grave es la enfermedad que padezco, por ello recurro directamente a ti, que eres omnipotente. Pues de no contar con la disposición del Médico supremo, sería mortal».
[19] Spurgeon cita aquí uno de los himnos de ISAAC WATTS [1674-1748], que comienza diciendo: *"Show pity, Lord, O Lord, forgive, Let a repenting rebel live: Are not thy mercies large and free? May not a sinner trust in thee?"* y que sigue en la segunda estrofa con: *"My crimes are great, but not surpass,The power and glory of thy grace: **Great God, thy nature hath no bound, So let thy pard'ning love be found"***.
[20] Cabe también el sentido de alusión al Pacto, en cuyo caso la traducción sería: *"conforme a lo establecido en el Pacto"* o *"conforme a lo pactado"*.
[21] La palabra española *"misericordia"*, por su parte es muy significativa, puesto que tiene su origen en un compuesto de dos palabras latinas: *miser*, "miserable, desdichado" y *cor, cordis*, "corazón";

un compuesto inusual de dos cualidades: *"love"* y *"kindness"*, "amor" y "bondad", dulcemente ligados en una misma expresión.

Conforme a la multitud de tus piedades.[22] Haz que todos los efluvios de tu compasión se dirijan hacia mi y haz que la magnitud de tu perdón sea equivalente a ellos. Deja en mi caso traslucir toda la dulzura y grandeza de tus atributos, y no solo en su esencia, sino también en su abundancia. Tus hechos bondadosos han sido innumerables y tu gracia es dilatada; hazme objeto de tu infinita misericordia, para que todo ello se combine y concentre sobre mí. Conviérteme en ejemplo de todas tus tiernas mercedes e indulgencias. Todas y cada una de las acciones de tu gracia sobre otros me infunden aliento, y por ello, te ruego añadas en esta ocasión a tu extensa lista de compasiones, una más, en mi persona.

---

más el sufijo *-ia.* Ser misericordioso es tener el corazón propicio a los miserables y desdichados o llevarles en el corazón.

[22] Dice al respecto AGUSTÍN DE HIPONA [353-429]: «Puesto que la misericordia de Dios es *"grande misericordia"*, sus *"piedades"* son también numerosas y diversas. Alcanzan a los ignorantes para enseñarles; alcanzan a los rebeldes para corregirles; alcanzan a los que se arrepienten y confiesan sus culpas para perdonarles. Muchos son los que pecan por ignorancia; pues no en vano afirma el apóstol: *"fui recibido a misericordia porque lo hice por ignorancia, en incredulidad"* (1ª Timoteo 1:13). Pero David no podía alegar esa ignorancia; pues no era ajeno a la trascendencia del pecado de tomar la mujer de otro hombre; ni a la gravedad del delito de homicidio de su marido, ignorante el pobre de lo ocurría a sus espaldas y que siquiera tuvo la opción de indignarse y protestar por la injusticia cometida. Quienes pecaron por ignorancia alcanzan fácilmente las múltiples piedades del Señor; pero a aquellos que como David pecan a sabiendas, con pleno conocimiento de lo que hacen, no les basta con simples piedades, han de implorar la *"grande misericordia"*».

Borra mis rebeliones.[23] Sé que todas mis rebeldías y excesos han sido debidamente anotados y testifican en mi contra. Pero Señor, borra una tras otra, cada línea y letra de este triste documento. Cúbrelas con el trazo más grueso de tu pluma. Oblitera totalmente ese registro, muy a pesar de que ahora mismo parezca esculpido sobre roca de manera indeleble. Es más que probable que para borrar tan profunda inscripción hagan falta numerosos golpes de tu misericordia; pero Señor, tus misericordias son infinitas, y por tanto, a ti suplico e imploro: Borra mis pecados completamente y por entero.

C. H. SPURGEON

Ten piedad de mí, oh Dios. Tiemblo ante ti, oh Señor, y me sonroja pronunciar mi nombre en tu presencia; puesto que la familiaridad con la que antes me dirigía a ti, agrava mi sentimiento de condenación, y me hace sentir más desorientado y temeroso de ser visto y reconocido por ti en toda la extensión de mi culpabilidad. No digo, por tanto: *"Acuérdate, oh Señor, de David"* como en una feliz ocasión anterior;[24] ni me identifico, como solía hacer en sentido propiciatorio, como *"tu siervo"*[25] o *"el hijo de tu sierva"*.[26] Evito todo aquello que pueda recabar mi relación anterior contigo, potenciando así mi indignidad. No preguntes, pues, Señor, quién soy; limítate a perdonar a quien anónimamente a ti implora confesando sus pecados, condenando los hechos que ha cometido, y suplicando tu piedad. *"Ten piedad de mí, oh Dios"*; pues no me atrevo

---

[23] Isaías 43:25; 44:22.
[24] Salmo 132:1.
[25] Salmo 119:25; 143:12.
[26] Salmo 86:16; 116:16.

ya a llamarte *"mi Dios"*, puesto que ello sería presunción. Te he perdido por causa de mi pecado; me he distanciado de ti al seguir las insinuaciones y maquinaciones del enemigo, y por tanto, ya no soy limpio. No me atrevo a aproximarme más a ti, me quedo a distancia, y elevando mi voz con devoción y corazón contrito, clamo y digo: *"Ten piedad de mí, oh Dios"*.

ALEXANDER PENROSE FORBES [1817-1875]
"Commentary on the Seven Penitential Psalms,
chiefly from ancient sources", 1857

Ten piedad. El verbo hebreo[27] que nuestras versiones traducen aquí por *"piedad"* o *"compasión"*, implica un sentido de piedad sin causa, sin motivo o razón aparente,[28] otorgada como gracia de manera libre y gratuita, sin entregar nada a cambio.[29] Se utiliza también en Génesis cuando dice que *"Noé halló gracia ante los ojos de Jehová"*,[30] esto es, favor especial, semejante al que el Señor otorga s sus escogidos en Cristo Jesús.

CHARLES EDWARD DE COETLOGON [1746-1820]
"The Portraiture of the Christian Penitent", 1775

Ten compasión de mí, oh Dios, conforme a tu gran amor; conforme a tu inmensa bondad. Compasión, gran amor, bondad, multitud de tus misericordias. Los traductores de la Biblias se esfuerzan de manera especial en este pasaje en su intento de reflejar algo de suma importancia y que no debemos pasar por alto: el sentido de progresividad en las tres palabras hebreas que el

---

[27] En hebreo חָנֵּנִי *ḥānnênî* de חָנַן *chânan.*
[28] Salmo 35:19; 69:4; Ezequiel 14:23.
[29] Éxodo 21:11.
[30] Génesis 6:8.

salmista utiliza aquí para referirse a la compasión divina y acogerse a ella; y lo adecuado del orden en que las coloca, con una gradación enfática que sería calificada como ejemplo magistral de belleza y excelencia literaria en cualquier escritor clásico. El primer término hebreo utilizado es: חָנֵּנִי *ḥānnênî* de חָנַן *chânan*, y denota un tipo de afecto que se expresa gimiendo por cualquier objeto que amamos y por el que sentimos lástima –στοργή *storgē* en griego–, ese afecto natural que incluso los animales salvajes desarrollan con sus crías y que expresan emitiendo sonidos cuando están junto a ellas; como el chillido estridente del camello, con el que expresa su afecto hacia su potrillo. El segundo es כְּחַסְדְּךָ *kəhasdəkā* de חֶסֶד *chêsêd*, y denota una compasión intensa, que origina en quien la experimenta una bondad profunda y una necesidad irresistible de actuar con liberalidad en favor del otro que fluye de manera natural, como la leche que sale de los pechos de una madre, o las aguas que manan de una fuente perpetua; por tanto, este segundo término describe un grado más intenso de bondad que el primero. El tercero es רַחֲמֶיךָ *raḥămekā* de רָחַם *racham*, y equivale en griego a σπλάγχνα *splagchnon*; es decir, el más tierno y profundo sentido de compasión, que sale de las vísceras, tan profundo, que cuando brota en nosotros produce físicamente en nuestro cuerpo una presión en el corazón, una punzada en el estómago y un nudo en la garganta; y que describe el nivel más elevado de compasión que es capaz de experimentar la naturaleza humana: cuando la compasión que sentimos alcanza sus límites, nos duele el corazón, se nos encoge el estómago y nos falta aire. ¡Qué gratificante resulta saber que estos tres niveles de compasión se dan en la misericordia divina! y meditar en ellos aplicados al caso concreto de David, cuya mente se revolvía bajo la perplejidad y el peso aplastante de la culpabilidad, y un profundo y justificado temor al desagrado y venganza divina!

SAMUEL CHANDLER [1693-1766]
"A Critical History of the Life of David;
Exposition to Psalm 51", 1766

Conforme a la multitud de tus piedades. Los seres humanos quedamos aterrorizados cuando tomamos conciencia de la multitud de nuestros pecados. Nos queda, sin embargo, un consuelo: nuestro Dios cuenta con multitud de misericordias. Si nuestras maldades y pecados fueran más numerosos que los cabellos de nuestra cabeza,[31] las misericordias de Dios serían tantas como las estrellas de los cielos;[32] y como Él es un Dios infinito, sus misericordias son infinitas. Sí, sus misericordias sobrepasan a nuestros pecados y se elevan por encima de ellos, tanto, como elevado está el propio Dios por encima de nosotros pobres pecadores. Las ansias del salmista de recurrir a las múltiples misericordias de Dios, demuestra cuán profundamente herido se sentía a causa de sus múltiples pecados, pues cada uno le parecía valer por cien. Así nos sucede también a nosotros; mientras estamos bajo el dominio, influencia y guía de Satanás, mil pecados nos parecen uno; pero en cuanto nos acercamos a Dios y nos entregamos a su servicio, un solo pecado nos parece como mil.

ARCHIBALD SYMSON [1564-1628]
"A Sacred Septenarie or A godly and fruitful exposition on
the seven Psalmes of repentance", 1623

---

[31] Salmo 40:12.
[32] Salmo 36:5; 108:4; 136:5,7.

Conforme a tus tiernas misericordias [KJV]. O como lo entiende y explica Zanchy[33] en su tratado sobre los atributos de Dios: conforme a ese misterioso impulso de afecto intenso e inexplicable que sienten unos padres cuando ven a su hijo en una situación de peligro extremo.[34]

CHARLES EDWARD DE COETLOGON [1746-1820]
"The Portraiture of the Christian Penitent", 1775

Borra mis rebeliones.[35] Este término guarda relación con la idea de imputación o *acusación formal,* cuyos cargos el salmista conocía muy bien. En consecuencia, se declara culpable de todos los cargos que se le imputan, pero suplica, a su vez, que el escrito de acusación sea *mutilado;* que se aplique sobre el papiro fluido para *desfigurar la tinta,* borrarla completamente, hacerla desaparecer, de modo que no quede registro de acusación alguna contra él.[36] Y esto es algo que únicamente la *misericordia, compasión, bondad y piedad* de Dios puede obrar.

ADAM CLARKE [1760-1832]
"Commentary on the Whole Bible", 1831

Borra mis rebeliones. A lo que el salmista alude aquí no es a borrar *deudas registradas en un libro de contabilidad,*

---

[33] Se refiere a JEROME ZANCHY o HIERONYMUS ZANCHY [1516-1590], reformador italiano y profesor en Heidelberg.
[34] 1ª Reyes 3:26.
[35] En hebreo: מְחֵה פְשָׁעָי *məḥêh pəšā'ay* de מָחָה *machah,* "abolir, obliterar, eliminar, suprimir, extirpar, erradicar, echar fuera de la memoria".
[36] ¿Cabe pensar en una referencia al *"libro"* citado en Éxodo 21:32, o al "libro de la vida" del Salmo 69:28?

–como pretende el señor Leclerc–,[37] en el cual cuando se saldan, se hace una anotación de contrapartida; o simplemente se tachan con un trazo de pluma cuando son perdonadas. Se refiere a la acción más significativa de "lavar un plato", de modo que una vez limpio no quede en él residuo de suciedad ni traza de que estuvo sucio. El objeto de la petición del salmista es lograr de Dios un perdón absoluto, de forma que no permanezca en él resquicio de la culpa contraída, y por tanto, el consiguiente castigo pueda ser anulado por completo.

SAMUEL CHANDLER [1693-1766]
"A Critical History of the Life of David.
Exposition to Psalm 51", 1766

Borra mis rebeliones. O, según leemos en Éxodo,[38] *ráelas de la memoria,* extírpalas, elimínalas por completo y de forma definitiva, de modo que no quede recuerdo alguno ni memoria de ellas nunca más.[39]

CHARLES EDWARD DE COETLOGON [1746-1820]
"The Portraiture of the Christian Penitent", 1775

Mis rebeliones. Es importante que tomemos conciencia del carácter individual del pecado, su origen e identidad personal. El pecado no es transferible, es personal, individual e incomunicable. Mi pecado no puede ser tu pecado, ni el tuyo mío. Por ello, cuando se halla en estado saludable, la conciencia siempre se expresa en términos personalizados: *"MIS rebeliones".* Pues la culpa no surge

---

[37] Entendemos que se refiere a JEAN LE CLERC, también conocido como JOHANNES CLERICUS [1657-1736], teólogo y erudito bíblico suizo famoso por sus exégesis y autor de un comentario bíblico.
[38] Éxodo 17:14
[39] Isaías 43:25; 44:22.

ni recae en las rebeliones, pues las rebeliones te han tentado pero tú has cedido a ellas. Lo cual no implica que las rebeliones, en calidad de agentes aislados, no tengan, tanto por separado como en su conjunto, su parte de responsabilidad. Pero ello no nos exime de nuestra responsabilidad personal. Tratar de transferir la responsabilidad a otro para que cargue con nuestras culpas es una práctica frecuente. Decir: "el diablo me engañó o me lo hizo hacer", siempre resulta lo más fácil. Pero no podemos olvidar que quien toma la decisión de pecar, quien se rebela, somos nosotros; quien decide quebrantar su más sagrado sentido del deber, un deber personal y que entre todos los seres del universo es exclusivamente nuestro, y que nos atañe e implica únicamente a nosotros, somos nosotros mismos, nadie más.

FREDERICK WILLIAM ROBERTSON [1816-1853]
sermón sobre el *Salmo 51* predicado el 12 de enero de 1851

Vers. 1-5. David se acusa a sí mismo de:
1. *Transgresiones,* en hebreo: פְּשָׁעַי *pəšā'ay* de פֶּשַׁע *pesha'*, "rebelión".
2. *niquidad,* en hebreo: מֵעֲוֹנִי *mê'ăwōnî* de עָווֹן *'âvôn*, "trato deshonesto".
3. *Pecado,* en hebreo: וּמֵחַטָּאתִי *ūmêḥaṭṭāṯî* de חַטָּאָה *chaṭṭâ'âh*, "error", "deriva".

ADAM CLARKE [1760-1832]
"Commentary on the Whole Bible", 1831

Vers. 2. Lávame más y más de mi maldad, y límpiame de mi pecado. *[Lávame a fondo de mi maldad, y límpiame de mi pecado. RVR] [Lávame de toda mi maldad y límpiame de mi pecado. NVI] [Lávame por completo de mi maldad, y límpiame de mi pecado. LBLA]*

Lávame más y más. No le basta con borrar el pecado tachándolo de un plumazo. Su persona está mancillada, y desea ser purificado por completo. Y como no hay quien pueda hacerlo con eficacia, ruega a Dios que sea él mismo quien le purifique. Su limpieza debe ser total, absoluta, completa; repetirse una y otra vez hasta lograr un resultado satisfactorio; y por tanto exclama: *"Lávame más y más".* El tinte del pecado es indeleble, y yo, pecador, he permanecido sumergido en él por largo tiempo, hasta el punto de que el carmín ha quedado incrustado en la fibra misma de mi ser. Pero, Señor, lávame más y más; lávame, y lávame de nuevo; hasta que el último vestigio de mancha haya desaparecido y no quede en mí rastro de contaminación. El hipócrita se contenta con que sean limpiados sus vestidos, pero el verdadero penitente clama: *"Lava todo mi ser, lávame a mí".* El alma descuidada se siente satisfecha con una limpieza aparente, nominal; pero la conciencia que ha despertado verdaderamente, desea una limpieza a fondo, real, más profunda y efectiva.

De mi maldad. El salmista ve su propia maldad como una contaminación gigantesca, que mancha toda su naturaleza. El pecado cometido con Betsabé sirvió para que se percatara de las dimensiones colosales de la montaña de su iniquidad personal, de la cual este hecho concreto, nefando pero aislado, no era más que una piedra desprendida. En consecuencia, anhela librarse de toda su inmundicia; de esa masa enorme de suciedad, que aunque no la había percibido anteriormente, se había convertido ahora en un espectro horrible y sobrecogedor que obsesionaba y aterraba su mente.

Límpiame de mi pecado. Esta es una expresión de carácter más generalista. Como si el salmista dijera: "Señor, si lavarme no es suficiente, utiliza algún otro proceso; si el agua no funciona, emplea el fuego, prueba con cualquier cosa, con tal que pueda ser purificado. Líbrame de mi pecado por el método que sea; de alguna forma, sea cual sea; pero purifícame totalmente y no dejes en mi alma el más leve resquicio de culpa". No es por temor al castigo que clama y llora, sino por causa del pecado. Por regla general, el asesino experimenta un mayor sentimiento de terror ante la horca que de repugnancia hacia el crimen que le arrastró a ella. El ladrón ama el pillaje, a pesar de que teme la cárcel. No obstante, en el caso de David vemos que no es así.

Lo que le da nauseas del pecado es el pecado en sí mismo; sus lamentaciones más profundas surgen de su repulsión hacia la maldad de la transgresión, no ante sus dolorosas consecuencias. Cuando enfrentamos seriamente los hechos y la realidad de nuestro pecado, Dios corresponde de inmediato tratándonos con bondad. Si odiamos aquello que el Señor odia y rechazamos aquello que él rechaza, no tardará en poner punto y final al tema que nos entristece, para gozo, satisfacción y paz de nuestra alma.

C. H. Spurgeon

Lávame. David ora pidiendo que el Señor le *lave*, con lo que se declara consciente de que el pecado ensucia y contamina, y que por tanto él estaba sucio y contaminado. Por ello pide a Dios que le lave más y más, que restriegue y aclare todas las manchas de su cuerpo y de su alma, ambos contaminados y hechos abominables; suplica a Dios que limpie y purifique su cuerpo y su alma de toda contaminación.[40] De ello aprendemos cuán aborrecible es el

---

[40] Isaías 1:18; 1ª Juan 1:7-9.

pecado a los ojos de Dios; tiñe el cuerpo del hombre y tiñe también su alma, convirtiéndolo en la más vil de las criaturas. Ningún reptil, ningún sapo, por repulsivo que sea a los ojos de los hombres, es más vil de lo que es a los ojos de Dios un pecador manchado y contaminado por el pecado, antes de ser limpiado y lavado en la sangre de Cristo.

SAMUEL SMITH [1588-1665]
"David's repentance: or, A plaine and familiar exposition of the 51 Psalm", 1620

Lávame. El verbo hebreo כַּבְּסֵנִי *kabbəsênî* de כָּבַס *kâbas* es una expresión de peculiar significado. Se aplica a la limpieza de vestiduras, y a la forma en que los bataneros y lavanderas lavan, restriegan y limpian la ropa.[41]

SAMUEL CHANDLER [1693-1766]
"A Critical History of the Life of David.
Exposition to Psalm 51", 1766

Lávame más y más de mi maldad. Con estas palabras el salmista reconoce que en su caso particular, ningún lavado va a funcionar a menos que sea Dios mismo quien lo lleve a cabo. Lo que quiere decir, y así lo traduce adecuadamente el texto latino, es: *"Amplius lava tu me ab iniquitate mea"*, "lávame tú, y lávame amplia y exhaustivamente"; porque me siento tan inicuo y tan sucio, que necesito que me laves directamente tú mismo de arriba abajo.

SAMUEL PAGE [1574-1630]
"David's Broken Heart; or, an Exposition upon the whole Fifty-one Psalm", 1646

---

[41] Éxodo 19:10; Levítico 17:15.

Lávame más y más. En hebreo: [כ הֶרֶב] (ק כַּבְּסֵנִי) *[harbêh ḵ]* (*hereḇ q*) *kabbəsênî,* "multiplica y multiplica las veces que me laves".[42] Una frase con la que el salmista declara enfáticamente la magnitud de su culpa y la insuficiencia de todas las limpiezas rituales y legales para poder limpiarle; y a su vez, la necesidad perentoria de hallar alguna otra manera, distinta y mejor, de poder lavarle; como la gracia de Dios y la sangre de Cristo.

MATHEW POOLE [1624-1679]
"Annotations Upon the Holy Bible Wherein the Sacred Text is Inserted and Various Readings Annexed", 1700

Lávame (…) *límpiame.* ¿Por qué se expresa David en una forma tan redundante? ¿Por qué utiliza dos palabras distintas *"límpiame"* y *"lávame"*[43] para decir lo mismo, cuando con una sola hubiera sido más que suficiente? Pues con tal de que seamos limpiados, ¿qué importa la forma o el método empleado? ¿qué más da si es o no mediante lavamiento? A David le sobraba razón para utilizar ambas

---

[42] La idea sería: *"aunque ya estoy lavado, vuélveme a lavar".* Una insistencia que no deja de llamar la atención, puesto que cuando David escribe estas palabras en el salmo, ya tenía plena constancia por boca del profetas Natán de que Dios le había perdonado: *"Y Natán dijo a David: También Jehová perdona tu pecado; no morirás"* (2ª Samuel 12:13). Pero no le parece suficiente, no se conforma, insiste. Consciente de la dimensión de su pecado, suplica mayores garantías.

[43] En hebreo: כַּבְּסֵנִי *kabbəsênî* de כָּבַס *kâbas* y טַהֲרֵנִי *ṭahărênî* טָהֵר *ṭâhêr.* El primer verbo transmite la idea de un lavado físico enérgico y a fondo; el segundo expresa más bien el concepto de un lavamiento o purificación moral; era el que se usaba para expresar la purificación sacerdotal mediante la cual uno era declarado limpio de alguna impureza ceremonial y restaurado para participar en el culto.

palabras, pues no demanda que Dios le limpie a través de un milagro, sino mediante la forma habitual de limpiar las cosas: lavando. Y en consecuencia, utiliza el verbo hebreo כָּבַס *kâbas,* "lavar", diciendo: כַּבְּסֵנִי *kabbasênî,* "lávame" como propuesta de *medio* para su limpieza; y el verbo טָהֵר *ṭâhêr,* "limpiar", diciendo: טַהֲרֵנִי *ṭahărênî* "límpiame", como *fin. Lavar,* es el trabajo a realizar; y *limpio,* es el resultado que se espera de ese trabajo una vez completado. En este caso, *lavar,* es el agente; *limpiar* su aplicación al paciente. Pues así como no había en la ley mosaica otro medio para limpiar el pecado que el de lavarlo; tampoco lo hay en la verdad del evangelio; tal es la razón por la que del costado de Cristo, nuestro Salvador, brotó sangre y agua.[44]

RICHARD BAKER [1568-1645]
"Meditations and Disquisitions upon the Seven Psalmes of David, commonly called the Penitential Psalmes", 1639

Límpiame de mi pecado. Fijémonos en que no es de la culpa, ni del castigo, de lo que pide liberación. No le preocupaba que la espada no se apartaría ya más de su casa y de su descendencia;[45] ni que su pecado, que se inició con un pensamiento secreto en lo más profundo de su corazón, fuera castigado públicamente delante de todo Israel hasta donde alcanzara el sol;[46] ni siquiera de que el hijo a quien tanto amaba se convirtiera en objeto del castigo a su ofensa.[47] Todos estos conceptos pueden o no considerarse implícitos en el contenido del salmo, pero no se expresan

---

[44] Juan 19:34.
[45] 2ª Samuel 12:10.
[46] 2ª Samuel 12:12.
[47] 2ª Samuel 12:14.

directamente en él. Lo que David suplica con ansia es ser liberado de la ofensa, de su acto de rebelión contra Dios, de la impureza con la que había contaminado el templo de Dios en su propio cuerpo, a pesar de que esto no lo diga explícitamente.

AMBROSIO DE MILÁN [340-397]
citado por JOHN MASON NEALE [1818-1866] y
RICHARD FREDERICK LITTLEDALE [1833-1890]
"Commentary on the Psalms from Primitive and Mediæval Writers", 1869

Pecado. Una palabra hebrea[48] que en el original expresa la idea de errar el blanco, como cuando un arquero se queda corto de la diana, la rebasa, o se desvía a uno u otro lado. Se utiliza también para indicar la idea de desviarse de las huellas trazadas al caminar o salirse del camino con facilidad. En sentido espiritual, denota la idea de apartarse o desviarse de la norma establecida, bien sea por omisión o por comisión.

THOMAS TREGENNA BIDDULPH [1763-1838]
"Lectures on the Fifty-first Psalm, delivered in the Parish Church of St. James', Bristol", 1835

Pecado. El pecado es algo repugnante en todos los aspectos. Y no solo cometerlo, sino incluso pensar en él, hablar de él, escuchar acerca de él. Alrededor del pecado no hay más que ruindad y vileza.

ARCHIBALD SYMSON [1564-1628]
"A Sacred Septenarie or A godly and fruitful exposition on the seven Psalmes of repentance", 1623

---

[48] En hebreo וּמֵחַטָּאתִי *ūmêḥaṭṭāṭî* de חַטָּאָה *chaṭṭâ'âh*.

Vers. 3. *Porque yo reconozco mis rebeliones, y mi pecado está siempre delante de mí.* [*Porque yo reconozco mis delitos, y mi pecado está siempre delante de mí.* RVR] [*Yo reconozco mis transgresiones; siempre tengo presente mi pecado.* NVI] [*Porque yo reconozco mis rebeliones, y mi pecado está siempre delante de mí.* LBLA]

Porque yo reconozco mis rebeliones. El salmista expone aquí la pluralidad y multiplicidad de sus pecados; y los admite, reconociéndolos mediante pública declaración. Es como si dijera: «Hago plena confesión de todos ellos. No como alegato para obtener el perdón, sino como evidencia de mi necesidad de misericordia, y de mi incapacidad para buscarla y hallarla por cualquier otro medio o lugar. La admisión de mi culpabilidad me incapacita para cualquier apelación de la sentencia; por tanto, oh Señor, me entrego a tu clemencia. Imploro que no me rechaces en tu misericordia. ¡Tú eres quien ha despertado en mí el deseo de confesar; completa ahora esta obra de la gracia, mediante una remisión total, gratuita y liberadora!».

Y mi pecado está siempre delante de mí. Mi pecado, en su conjunto, jamás se aparta de mi mente; oprime mi espíritu sin tregua. Por eso, Señor, porque está siempre delante de mí, es que lo traigo delante de ti; para que lo apartes de ti y de mí. Para toda conciencia ablandada y avivada, el dolor que le produce el pecado no es pasajero, sino intenso y permanente; y ello no es señal de la ira divina, sino más bien un prefacio seguro de su favor inminente.

C. H. Spurgeon

Reconozco mis rebeliones, y mi pecado está siempre delante de mí. En reconocer nuestras rebeliones, hay confesión; y el tener nuestro pecado constantemente delante de nuestros ojos, demuestra convicción y contrición. *Reconocer nuestras transgresiones*, según yo lo entiendo, es confesarlas; hurgar en la fosa donde se esconden y sacarlas a la luz, traerlas a nuestra mente consciente con toda riqueza de detalles, tantos como la memoria nos alcance; reconocerlas con vergüenza como propias, y confesarlas con dolor y pena; analizarlas una por una y reparar en todos sus aspectos negativos; exponerlas, extenderlas delante del Señor, como extendió Ezequías delante de Jehová la carta del Rabsaces.[49] Y una vez hecho esto, revestidos de un verdadero espíritu de humildad, fruto del sentimiento de nuestra propia vileza, implorar su bondad; confiando que él multiplicará sus misericordias sobre nosotros, tanto como nosotros hemos multiplicado nuestras transgresiones contra él; y que las perdonará todas, librándonos de ellas para siempre. *Tener nuestros pecados delante de nosotros*, significa sentir pleno convencimiento de ellos; mantener una preocupación constante a causa de ellos; sentir una sincera humillación por razón de ellos; y experimentar, debido a ellos, esas pesadillas y terrores de conciencia que nos impiden tener un instante de reposo, de quietud o disfrute interior, hasta que nos hemos reconciliado nuevamente con nuestro Dios, amoroso y perdonador.

ADAM LITTLETON [1627-1694]
"Sixty-one Sermons preached mostly upon publick occasions", 1679

Reconozco mis rebeliones, y mi pecado está siempre delante de mí. No puede haber *"agnitio"*, "reconocimiento", si no hay *"cognitio pecati"*, "conciencia de

---

[49] 2ª Reyes 19:14.

pecado"; no se puede admitir y reconocer el pecado si no se conoce, si no hay conciencia de pecado. David junta aquí ambas cosas. Pues ¿cómo podemos pretender poner nuestros pecados delante de Dios si no los tenemos previamente delante de nosotros? Para poder poner nuestros pecados delante de Dios, se requiere un examen previo de nuestros corazones y una inspección profunda de nuestra forma de vida, que nos capacite para tomar conciencia de nuestros pecados. Quien no se ha preguntado a si mismo todavía, *"Quid feci?"*, "¿qué es lo que he hecho?"*, no está en situación de confesar, *"si feci"*, "he hecho" aquello que no debía haber hecho.[50] Aunque no sea un requerimiento, yo aconsejo como práctica pía y prudente hacer todos los días un repaso e inventario tanto de los pecados cometidos como de las misericordias recibidas de Dios, una práctica muy saludable de la que numerosos cristianos han sacado importantes beneficios.

NATHANAEL HARDY [1618-1670]

---

[50] En este mismo sentido dice AGUSTÍN DE HIPONA [353-429]: «David había colocado el pecado a su espalda. Pero Dios se lo pone de nuevo delante enviándole a Natán profeta a que le cuente una historia simulada para que la juzgue (…) y como su propio pecado lo tenía detrás suyo y se había olvidado ya de él, cae en la trampa y dicta una justa y severa sentencia: tal hombre es digno de muerte (…) Situar el pecado a la espalda le lleva a olvidar su propia culpa, e ignorar su propia culpa le lleva a no perdonar la ajena (…) Muchos hay que no sienten vergüenza de pecar en secreto, pero les sonroja reconocer públicamente su culpa, y cuando el Médico divino les descubre sus heridas se niegan a reconocerlas (…) En el caso de David no fue así, en cuanto es confrontado con su pecado exclama humillado: *"reconozco mis delitos, y mi pecado está siempre delante de mí"*».

Mis rebeliones (...), mi pecado (...), delante de mí. David no considera suficiente alegar que la raza humana es una raza compuesta enteramente de pecadores, y escudarse de ese modo en la responsabilidad colectiva. Todo lo contrario, personaliza; habla como si fuera el único habitante del planeta, y en consecuencia, el único ofensor que habitara en él, diciendo sin paliativos ni remilgos: *"Reconozco mis rebeliones, y mi pecado está siempre delante de mí."*

CHARLES EDWARD DE COETLOGON [1746-1820]
"The Portraiture of the Christian Penitent", 1775

Mi pecado. David es responsable de su pecado, y lo confiesa como propio. He aquí nuestra riqueza natural, pues ¿qué nos pertenece, fuera del pecado? El alimento y el vestido, indispensables para la vida, los tomamos de prestado; a este mundo venimos hambrientos y desnudos, y se nos proporcionan el sustento y con qué cubrirnos sin haber hecho nada para merecerlo. El pecado, en cambio, es algo auténtica y genuinamente nuestro, viene con nosotros, como expresa el propio David un poco más adelante *"He aquí, en maldad he sido formado, y en pecado me concibió mi madre"* (51:5). Sobre el pecado tenemos prerrogativa de posesión, derecho de herencia, puesto que lo recibimos por transmisión de nuestros padres. Como lo expresa Job: *"y me haces responsable de las iniquidades de mi juventud"*.[51]

SAMUEL PAGE [1574-1630]
"David's Broken Heart; or, an Exposition upon the whole Fifty-one Psalm", 1646

Mi pecado. El salmista hace referencia aquí al pecado en sentido estricto, es decir, como tal, como pecado y nada más; no a su castigo, bien sea este inmediato o

---

[51] Job 13:26, LBLA.

diferido; no a su dañinas consecuencias; sino exclusivamente al hecho mismo de pecar contra Dios, a la impiedad
atrevida y desafiante de quebrantar la ley buena y santa
del Dios vivo y amoroso.

THOMAS ALEXANDER
*"The Penitent's Prayer: a Practical Exposition of the
Fifty-first Psalm"*, 1861

Siempre delante de mí. La aflicción moral producida
por el pecado sobrepasa al sufrimiento físico, especialmente por su persistencia y duración. El dolor físico, como
un casero, viene, cobra su alquiler y se va con la misma
rapidez con que ha venido; pero este es como un goteo
continuado o la corriente constante de un río, se mantie-
ne inalterable hasta arrastrar a la desesperación al que lo
padece. *"Mis pecados"*, exclama David, *"están siempre
delante de mí"*; así es el dolor por el pecado cometido en
el alma de los hijos de Dios: les acusa y persigue mañana
y tarde, día y noche, cuando comen y cuando ayunan, en
casa y fuera de casa; está siempre con ellos. Un dolor que
comienza a partir del momento de su conversión, prosigue
a lo largo de toda su vida, y tan solo cesa con la muerte.

THOMAS FULLER [1608-1661]
"The Cause and Cure of a Wounded Conscience", 1647

Delante de mí. El salmista analiza aquí los diversos enfo-
ques relativos a su pecado y sus respectivas consecuencias:
Coram populo, delante del pueblo: Vergüenza para
sí mismo.
Coram ecclesia, ante la comunidad: Dolor y pesadum-
bre para ella.
Coram inimicis, ante los enemigos: Alegría y regocijo
para ellos.
Coran Nathane, ante Natán: Represión.
Coram Deo, ante Dios: Ira y castigo inevitable.

Y concluye que si alguna esperanza le queda de arrepentimiento y enmienda, únicamente puede estar en *"peccatum meum coram me"*, "mi pecado delante de mí". La verdadera tragedia para el pecador radica en su incapacidad para discernir el remordimiento, y la consecuente infelicidad que ello le reporta, subyugándole enteramente hasta que su pecado no está *delante de él.*

SAMUEL PAGE [1574-1630]
"David's Broken Heart; or, an Exposition upon the whole Fifty-one Psalm", 1646

Vers. 4. Contra ti, contra ti solo he pecado, y he hecho lo malo delante de tus ojos; para que seas reconocido justo en tu palabra, y tenido por puro en tu juicio. *[Contra ti, contra ti solo he pecado, y he hecho lo que es malo delante de tus ojos; así que eres justo cuando sentencias, e irreprochable cuando juzgas.* RVR] *[Contra ti he pecado, solo contra ti, y he hecho lo que es malo ante tus ojos; por eso, tu sentencia es justa, y tu juicio, irreprochable.* NVI] *[Contra ti, contra ti solo he pecado, y he hecho lo malo delante de tus ojos, de manera que eres justo cuando hablas, y sin reproche cuando juzgas.* LBLA]

Contra ti, contra ti solo he pecado. El virus del pecado reside en su oposición a Dios: Tomar conciencia de haber pecado contra sus semejantes, lleva al salmista a tomar conciencia de haber pecado contra Dios. Todo su mal obrar culmina y alcanza su punto álgido ante el pedestal del trono divino. Causar daño a nuestro prójimo es pecado porque básicamente, al hacerlo, violamos la ley divina. Y el corazón penitente del salmista estaba tan convencido de haber obrado mal contra el propio Dios, que cualquier otra confesión puntual y detallada, le resultaba obsoleta. Quedaba ampliamente absorbida y neutralizada por la gravedad del sentimiento dimanante de que con ello había quebrantado la voluntad divina y ofendido directamente al Señor. *Y he hecho lo que es malo delante de tus ojos.* Cometer traición estando en presencia del propio rey, en su tribunal y ante sus mismos ojos, es un delito inconcebible y de una insolencia intolerable. David tenía conciencia de que su pecado, en todo lo repulsivo del mismo, había sido cometido mientras el Señor Jehová le estaba mirando. Nadie, excepto el que es hijo de Dios, siente la menor preocupación por la mirada del ojo divino. Pero cuando hay gracia en el alma, tan pronto tomamos conciencia de que Dios, a quien hemos ofendido, estaba presente y mirándonos mientras cometíamos la transgresión, la gracia provoca de inmediato un sentimiento horripilante de culpa ante el acto de maldad cometido.

Para que seas reconocido justo en tu palabra, y tenido por puro en tu juicio. En el caso de que la justicia divina decidiera proceder de inmediato a condenarle y castigarle por su crimen, David no contaba con la más mínima alegación que pudiera presentar a su favor, no tenía un solo argumento de disculpa. Su propia admisión de culpabilidad, y el testimonio del propio Juez como testigo presencial del hecho, eran pruebas tan irrefutables de la transgresión cometida, que toda controversia al respecto quedaba fuera de lugar. Tan evidente era que la iniquidad había sido consumada; y tan diáfano que se trataba de una acción repudiable, contaminante y sucia, que la emisión de sentencia condenatoria por parte de la justicia divina era indubitable, y lo inmediato de su acción sancionadora quedaba fuera de todo cuestionamiento.

C. H. SPURGEON

Contra ti, contra ti solo he pecado, y he hecho lo malo delante de tus ojos. Este versículo ha sido entendido y expuesto de maneras bien distintas por parte de los diversos comentaristas; y visto siempre como el punto álgido de mayor dificultad interpretativa, dentro de un contexto, todo él de difícil interpretación, como es el caso de este salmo.[52] Por tanto, aunque doy plena libertad para que

---

[52] El reconocimiento por parte de David de haber pecado contra Dios, fue inmediato; lo encontramos ya en 2ª Samuel 12:13; pues el quebrantamiento de cualquiera de los mandamientos de la Ley era considerado como pecado contra Dios. CASIODORO [485-583] considera que David: «En calidad de rey solo se sentía responsable ante Dios, mientras que sus súbditos lo eran ante Dios y también ante el rey». AGUSTÍN DE HIPONA [353-429] dice al respecto lo siguiente: «¿Qué quiere decir con esto de *"contra ti solo"*? ¿Por ventura el adulterio no lo cometió con la mujer de otro hombre al que mandó asesinar ante testigos? ¿Acaso lo que había hecho no era de dominio público? ¿Por qué dice: *"Contra ti solo he pecado, y he hecho lo que es malo delante de tus ojos"*? Equivale a decir: 'Únicamente he pecado contra ti, porque tú eres el único que está libre de pecado' Solamente está en posición de juzgar y castigar quien no tiene en sí mismo nada digno de ser castigado; y únicamente reprende y corrige en justicia, aquel que él mismo es irreprensible»; una opinión que es compartida por GREGORIO MAGNO [540-604]. JOSÉ Mª MARTÍNEZ [1924-2016] en "Salmos Escogidos" lo explica del siguiente modo: «Sus inicuas acciones no solo afectaban a su prójimo. Eran, sobre todo y en primer lugar, una ofensa contra Dios: *"Contra ti, contra ti solo he pecado, y he hecho lo malo delante de tus ojos"*. Esta declaración puede parecer insostenible. ¿Acaso no había pecado David con y contra Betsabé y contra Urías? ¿No dañaba su caída gravemente a todo el pueblo? Sin duda alguna. Pero el aspecto horizontal del pecado (el modo como

cada uno haga libremente su propia interpretación, aspiro a que se me conceda la prerrogativa de aportar el significado genuino y verdadero de este texto, según yo lo veo.

Y para ello, pido al lector ante todo, que tenga en mente lo que he dicho al principio del salmo: Que David habla aquí en nombre y personificación de todos los santos, y no únicamente en su propio nombre y condición de adúltero.

Pese a que no niego la posibilidad de que la caída, como medio, le llevara a un mayor conocimiento de sí mismo y de su propia naturaleza humana, llevándole a reflexionar hasta el punto de exclamar: «¡Miradme, aquí me tenéis! Yo, un rey tan santo, que con tan pía devoción observaba siempre la ley y practicaba el culto a Dios. ¡Mirad cómo he sido tentado, derrotado y vencido por el mal innato que hay en mi interior y el pecado congénito en mi carne, hasta el punto de asesinar a un hombre inocente para apoderarme de su mujer con propósitos adúlteros! ¿No es esto, acaso, una prueba evidente de que mi naturaleza está infectada y corrompida por el pecado de manera mucho más grave y profunda de lo que yo había jamás imaginado? ¡Yo, que ayer era un hombre casto; me he convertido ahora en un adúltero! ¡Yo, que ayer tenía mis manos limpias de sangre inocente; ahora soy culpable de homicidio, de un delito de sangre!» Sí, es muy probable

---

afecta a otros seres humanos) no es comparable en gravedad con la dimensión vertical (el modo como afecta a Dios). De hecho, es este segundo aspecto el que configura el pecado como tal (Génesis 39:9). Cualquier acción contra nuestros semejantes constituye un delito o una falta; pero es desde la perspectiva divina que esta acción adquiere el carácter de pecado. El delito es un fallo social. El pecado es una caída moral, religiosa. David supo distinguir ambos aspectos en su conducta pecaminosa. Por eso dice: *"Contra ti solo he pecado"*».

que sea de una reflexión semejante de donde deriva su sentimiento de completa y absoluta pecaminosidad; que fuera su caída en adulterio y homicidio lo que le llevó a concluir que ni el árbol ni el fruto de la naturaleza humana son buenos, porque esta se encuentra tan deformada y perdida a causa del pecado, que no queda en ella nada saludable ni digno de confianza. Esto es lo que desearía, ante todo, que el lector tenga presente, si de veras desea llegar hasta el significado auténtico de este pasaje. En segundo lugar, corresponde analizar también y explicar un poco la construcción gramatical, que se plantea un tanto oscura. Puesto que lo que el traductor ha colocado en pretérito perfecto, *"he pecado"* debería estar en realidad en tiempo presente: *"estoy pecando"*. Del siguiente modo: "Contra ti, contra ti solo yo peco"; que equivale a decir: "Sé que delante de ti no soy nada, fuera de un miserable pecador"; o, "sé que delante de ti no hago otra cosa que el mal de continuo; mi vida entera es mala y depravada por causa del pecado. No puedo, pues, jactarme ante ti de mérito alguno o de justicia y rectitud de ningún tipo, puesto que no soy otra cosa que maldad personificada, por todas partes; y ante tus ojos, mi carácter no es más que un impulso constante a obrar el mal. He pecado, estoy pecando, y seguiré pecando hasta el final".

Martín Lutero [1483-1546]

Contra ti, contra ti solo he pecado. ¿No creéis que en este texto hay materia para reflexionar profunda y largamente? Decir: *"contra ti he pecado"*, podría considerarse justo y suficiente; pero decir *"contra ti solo he pecado"* parece exagerado, o incluso fuera de lugar. Es una afirmación que quizá podía haber sido apropiada en boca de nuestro primer padre, Adán; pues él sí que habría exclamado con propiedad *"contra ti solo he pecado"*, ya que a él no le cabía la posibilidad de pecar contra nadie más.

Pero en nuestro caso, que a diario cometemos montones de pecados contra nuestros prójimos; y de manera especial en el caso de David, que acababa de cometer dos pecados enormes contra su amigo y fiel servidor Urías, ese concepto de *"contra ti solo"* resulta difícil de entender. Pero, ¿acaso tendría sentido hablar de *pecados* contra Urías? Pues en sentido estricto, el *pecado,* no es una transgresión contra un semejante, sino contra la ley de Dios. Y siendo así, ¿cabe la posibilidad de cometer pecado contra alguien, fuera de Aquel cuya ley hemos transgredido? ¿No será que sí cabe afirmar propiamente *"contra ti solo he pecado"* al referirnos a Dios, considerando que contra nuestros semejantes pecamos *in tenure,* mientras que únicamente contra Dios pecamos *in capite*?[53] ¿O será quizá que David afirma *"contra ti solo he pecado"* en visión

---

[53] Se refiere a la legislación inglesa para el arrendamiento de casas y tierras. Una posesión o arrendamiento *in tenure* es un arrendamiento temporal, mientras que un arrendamiento *in capite* implica un derecho de arrendamiento o posesión permanente. De acuerdo con el sistema feudal inglés, el rey es el único propietario *in capite,* es decir permanente, de las tierras; de modo que un *tenant in capite* se consideraba el poseedor inmediato después del rey, lo que equivale a propietario permanente. Desde una perspectiva doctrinal, la idea es que contra los demás mortales pecamos solamente de manera temporal y circunstancial *in tenure,* mientras que contra el Dios eterno pecamos *in capite,* de forma permanente y definitiva. Aunque también cabe la posibilidad, como lo expresa CASIODORO [485-583], de que David se exprese en esos términos porque se siente responsable solo ante Dios, en tanto que como rey no se sentía responsable ante sus súbditos. [CRUISE, William *"A Digest of the Laws of England respecting Real Property".* Volumen 1 (de 7 Volúmenes). Londres, 1808].

profética, anticipando que Cristo cargó y sigue todavía cargando nuestros pecados sobre sí mismo; y por tanto, cada nuevo pecado que cometemos es una nueva carga que depositamos exclusivamente sobre sus espaldas? ¿O será, para concluir, que el salmista afirma *"contra ti solo he pecado"* en base a lo que añade a continuación, *"he hecho lo malo ante tus ojos"*, es decir, porque el pecado fue cometido exclusivamente **ante los ojos** de Dios, que fue el único que presenció el hecho? Podemos encubrir y esconder nuestro pecado de la mirada de otros, pero no de los ojos de Dios, pues ¿quién es capaz de esconderse del Ojo que todo lo ve? Por ello, en caso de haber pecado contra Dios, pese a tratarse de algo enormemente grave, cabe aún la posibilidad de reconciliación; pero cometer la maldad *ante tus ojos,* sobrepasa todos los límites de gravedad, equivale a decir: Lo hice a sabiendas de que me estabas mirando, y por tanto, en actitud de desafío. Y en tal caso, ¿puede concebirse pecado mayor y más formidable? ¿Qué otro pecado puede haber más imperdonable? Un pecado de debilidad admite cierta excusa; un pecado de ignorancia puede encontrar atenuante; pero un pecado de desafío, no tiene defensa.

RICHARD BAKER [1568-1645]
"Meditations and Disquisitions upon the Seven Psalmes of David, commonly called the Penitential Psalmes", 1639

Contra ti, contra ti solo he pecado. Hay en el alma un dolor de origen divino que conduce al hombre a la vida; y es obra del propio Espíritu de Dios, que genera en el corazón de la persona piadosa un sentimiento de tristeza y lamento por el pecado cometido; por haber ofendido a un Dios que es tan bueno, tierno y dulce con nosotros como un Padre. Hasta el punto de que aun si no hubiera cielo que perder, ni infierno que temer,[54] aún así, por el mero hecho de haber agraviado a Dios, continuaríamos sintiéndonos doloridos, tristes y apenados en el corazón.

JOHN WELCH [1568-1622]
"Sermon IV: On Repentance", "Forty-eight select sermons", 1744

He pecado. "Me, me, adsum, qui feci", "Aquí, aquí estoy yo, el culpable, el que lo hizo". Yo, aquel a quien tú llamaste un día mientras corría tras las ovejas recién paridas que amamantaban y protegían a sus corderitos,[55] cambiando mi cayado por un cetro, mi rebaño por tu propio pueblo, Israel, y ciñendo mi cabeza con una corona de oro puro. Yo, a quien confiaste el futuro de toda la monarquía de Israel; a quien diste posesión de la ciudad santa de Jerusalén arrebatándola de mano de los Jebuseos;[56] yo, que traje a ella paz, instaurando tribunales de justicia y la práctica del culto divino, para que fueras honrado y

[54] Resulta muy llamativo hasta qué punto este concepto de JOHN WELCH [1568-1622] coincide plenamente con lo expuesto en el famoso *"Soneto a Cristo Crucificado"*, una de las mejores joyas de la poesía mística española del siglo XVI, de autor desconocido y atribuido a diversos autores, aunque básicamente a JUAN DE ÁVILA [1500-1569]. ¿Simple coincidencia? El soneto dice: *"No me mueve, mi Dios, para quererte el cielo que me tienes prometido, / ni me mueve el infierno tan temido para dejar por eso de ofenderte. / Tú me mueves, Señor, muéveme el verte clavado en una cruz y escarnecido, / muéveme ver tu cuerpo tan herido, muévenme tus afrentas y tu muerte. / Muéveme, en fin, tu amor, y en tal manera, que aunque no hubiera cielo, yo te amara, y aunque no hubiera infierno, te temiera. / No me tienes que dar porque te quiera, pues aunque lo que espero no esperara, lo mismo que te quiero te quisiera".*
[55] Salmo 70:70-71.
[56] 1ª Crónicas 11:4-9.

servido por todos sus habitantes;[57] yo, dispuesto a edificarte allí una casa.[58] *"Ego";* yo, a quien Dios encomendó, como rey puesto sobre su heredad, la labor de dirigir y gobernar, delegando en mí la justicia y el poder para castigar a otros; yo, a quien Dios confió el cuidado de otras almas para que las guiara por los caminos de su Palabra, las dirigiera con buen consejo, las cautivara mediante sus bondadosas promesas, y las atemorizara con la amenaza sus castigos, cual santo profeta del Señor; yo, que en el desempeño de ambas funciones, de rey y de profeta, debía haber sido un ejemplo de equidad y santidad para todo Israel. Ahora, he tenido que escuchar de labios de Natán, en justa acusación, esas terribles palabras: *"Tu es homo"*, "tú eres ese hombre". Por eso clamo, Señor, en humilde confesión: *"Ego sum homo"*, "yo soy ese hombre".

SAMUEL PAGE [1574-1630]
"David's Broken Heart; or, an Exposition upon the whole Fifty-one Psalm", 1646

He hecho lo que es malo. Sabemos por experiencia que son multitud los que no tienen reparo en declararse litúrgicamente pecadores en acto comunitario; y sin embargo, en privado, difícilmente admiten haber cometido un solo acto de maldad. Y cuando revisamos a solas, junto a ellos, los distintos mandamientos, se vanaglorian de no haber faltado en uno solo. En lo que respecta al primer mandamiento, dicen reconocer a un único Dios; en cuanto al segundo, en modo alguno adoran imágenes; sobre el tercero, nunca juran en falso, siempre que por algún motivo se ven obligados a jurar lo hacen en base y honor a

---

[57] 1ª Corintios 15:1-28.
[58] 1ª Crónicas 28:11-29; 29:8.

la verdad; y llegando al cuarto, nunca se pierden un culto ni dejan de asistir a la iglesia los domingos. Siguiendo con la segunda tabla, afirman no haber traicionado jamás a nadie; no haber robado; asesinado; ni fornicado; y en lo que atañe a otros pecados groseros, proclaman a los cuatro vientos su completa y total inocencia. A cualquiera que les escuche le resultará difícil entender cómo pueden en público recitar y hacer suya, con un mínimo de sinceridad, una oración litúrgica comunitaria declarándose pecadores e implorando el perdón divino, cuando al ser confrontados en privado sobre los distintos mandamientos, uno tras otro, afirman su total inocencia y declaran no haber quebrantado siquiera uno. Mientras sigan convencidos de que son inocentes, no hay esperanza de llevarlos a obrar el bien. ¡Feliz el hombre que siente en su corazón la punzada de dolor que produce la admisión y reconocimiento de *su maldad;* pues la sinceridad de su arrepentimiento le conducirá a un arrepentimiento efectivo, total y completo! *"He hecho lo que es malo";* fue precisamente esta admisión y reconocimiento de su maldad lo que rompió en pedazos el corazón de David, lo que le partió el alma y le llevó a hincar sus rodillas con lágrimas en los ojos, implorando perdón y suplicando purificación; lo que le movió a importunar al Señor para que creara un espíritu nuevo dentro de él.

Samuel Hieron [1572-1617]
"David's Penitential Psalm opened", 1617

Delante de tus ojos. David se sintió tan atraído y quedó tan cegado por su pecado, que ni la mismísima presencia y majestad de Dios bastaron para infundirle temor y evitar que lo cometiera; lo que agrava sensiblemente el hecho, haciendo que resulte mucho más infame, detestable y odioso. Robar ante los ojos del juez es la acción más insolente y descarada que un ladrón pueda cometer; como lo es cometer una ofensa moral ante la mirada escrutadora del Dios omnipresente y no sentirse atemorizado, confundido ni afectado por ello.

THOMAS HORTON [¿?-1673]
"Choice and Practical Expositions on four select Psalms.
Psalms 4, 42, 51, 63", 1675

Para que seas reconocido justo en tu palabra, y tenido por puro en tu juicio. De esta extraña frase cabría deducir que David se planteaba algún tipo de defensa de su acción, y además una defensa razonada y justa. Pues con semejante exposición y subsiguiente alegato: *"Contra ti, contra ti solo he pecado, y he hecho lo malo delante de tus ojos,* **para que seas reconocido justo en tu palabra**", da la impresión de pretender razonar que cometió el hecho con la intención expresa de proporcionar a Dios una ulterior satisfacción. ¿O no se deduce de tales palabras la idea implícita de haber pecado con el propósito de que a través de ello Dios pudiera ser reconocido justo? ¿Y qué otra cosa se podría alegar como defensa, más legítima y justificable, que la intención de complacer a Dios? Sin embargo, por muy razonable que esto pudiera parecer, es preciso aclarar que nada más lejos de la mente de David; todo lo contrario, su verdadera intención no es plantear un atenuante, sino añadir un agravante a su pecado. Su idea es, más o menos, esta: «Oh Dios, si un juez puede ser calificado de injusto si condena y castiga al ofensor con una pena superior a la que la ofensa merece, para que nadie jamás pueda acusarte de injusto y pretenda encontrar en tu sentencia la más remota posibilidad de error; admito toda mi culpa, reconozco mis pecados como los más infames y mis ofensas como del máximo agravio, a fin de que nunca puedas ser tachado de inmisericorde por la dureza del castigo aplicado, por muy cruel y despiadado que este pueda ser. Pues, ¿quién podrá jamás acusar a un juez de haberse excedido en el castigo aplicado y traspasado los límites de la equidad, cuando está probado y demostrado, por propia admisión, que el delincuente se ha excedido en su alevosía, traspasando todos los límites de la iniquidad? ¿Y qué error puede haber –razona David– en que actúes con severidad, cuando la gravedad de mi delito lo justifica sobradamente? ¿Es posible que descargues sobre mí una condena mayor a la que mi delito merece? No, es imposible que pronuncies sobre mi persona una sentencia más dura de la que merezco. Si como juez decides aplicarme tortura, serás con ello muy benigno; si me sentencias a muerte, es lo que merezco; y si me condenas a muerte eterna, aún así no podría decir que eres injusto. Hagas lo que hagas conmigo, serás *"reconocido justo en tu palabra, y tenido por puro en tu juicio"*».

Sɪʀ Rɪᴄʜᴀʀᴅ Bᴀᴋᴇʀ [1568-1645]
"Meditations and Disquisitions upon the Seven Psalmes of David, commonly called the Penitential Psalmes", 1639

Vers. 5. *He aquí, en maldad he sido formado, y en pecado me concibió mi madre. [Mira que en maldad he sido formado, y en pecado me concibió mi madre. RVR] [Yo sé que soy malo de nacimiento; pecador me concibió mi madre. NVI] [He aquí, yo nací en iniquidad, y en pecado me concibió mi madre. LBLA]*

He aquí, en maldad he sido formado. David se muestra anonadado ante el descubrimiento de su pecado heredado, y en consecuencia lo prioriza. No en un intento de justificarse, sino de reforzar y completar su confesión. Como si dijera: «Mi pecado no se limita a esta ocasión, sino que por naturaleza soy un pecador compulsivo, un pecador constante, porque soy un pecador nato. Mi vida está contaminada en su misma fuente, desde sus orígenes, porque su manantial es corrupto. Mis impulsos y tendencias están desequilibradas desde mi nacimiento, y me inclino de un modo natural hacia todo lo prohibido. La enfermedad que padezco es estructural y constitucional, haciendo que mi persona te resulte detestable y sea objeto de tu ira».

Y en pecado me concibió mi madre.[59] El salmista se remonta aquí a los primeros instantes de su existencia; y no para culpar a su madre, sino para identificar y reconocer las raíces más profundas de su pecado. Negar lo que la Escritura nos enseña sobre el pecado original y la corrupción natural que hay en nosotros, es arremeter contra ella y ponerla en entredicho. Todos aquellos que se revuelven contra esta doctrina y cavilan buscando explicaciones más aceptables a su orgullo humano, necesitan que el Espíritu Santo les enseñe cuáles son los principios básicos de la fe cristiana.[60] La madre de David era parte de la creación

---

[59] Salmo 58:3; Isaías 48:8.
[60] Dice al respecto José Mª Martínez [1924-2016] en "Salmos Escogidos": «El *"pecado original"* es un tema esencial en la teología cristiana. Si no tenemos una comprensión clara del mismo difícilmente entenderemos el alcance profundo de la soteriología bíblica en dos grandes focos: Adán y Cristo, *"Así que, como por la transgresión de uno [Adán] vino la condenación a todos los hombres, de la misma manera por la justicia de uno [Cristo] vino a todos los hombres la justificación de vida. Porque así como por*

divina, David nació como fruto de un matrimonio legal, casto y decente, de un buen padre y una buena madre;[61] y al propio David, la Escritura le define como *"un hombre conforme al corazón de Dios"*[62]. Y a pesar de ello, su naturaleza era caída como la de cualquier otro de los hijos de Adán; hasta el punto de que le bastaba con tener la ocasión delante para que esta triste realidad quedara demostrada. En el mismo momento en que somos formados ya nos salimos del molde, y en el instante de ser concebidos, nuestra naturaleza ya concibe pecado. ¡Ay, pobre y desventurada humanidad! ¡Muchos son los que gimen por su infausto destino a coro; pero más felices y dichosos son aquellos que han aprendido a lamentar el infortunio de su estado caído en el interior de su propia alma!

C. H. Spurgeon

He aquí, en maldad he sido formado. No dice: "He aquí, esta es la maldad que he cometido", sino: *"He aquí, en maldad he sido formado"*. No dice: "He aquí, yo, David, un rey que tantas misericordias he recibido

---

la desobediencia de un hombre los muchos fueron constituidos pecadores, así también por la obediencia de uno, los muchos serán constituidos justos"* (Romanos 5:18-19). Expresó una gran verdad Schopenhauer al afirmar que el pecado original constituye *"el punto céntrico del cristianismo"*. Pero ese punto no es solamente una cuestión teológica. Es un elemento incuestionable en la experiencia humana, y una clave para la interpretación de tal experiencia. Nos permite entender que *"el pecado no es solo algo que el hombre hace, sino algo, asimismo, en lo que el hombre se encuentra desde su origen"* (H. G. Pöhlmann). No somos pecadores porque pecamos; pecamos porque somos pecadores».

[61] 1ª Samuel 16:1.
[62] 1ª Samuel 13:14; Mateo 1:6.

de parte de Dios, y que otras tantas habría recibido (pues Dios se las había prometido); que he disfrutado de plena comunión con él, siendo objeto de sus mejores gracias y dones; y yo, incluso yo, he cometido tal maldad". No. Guarda en su interior esa opinión hasta que su corazón ya no aguanta más y finalmente exclama. *"En pecado me concibió mi madre"*. Concluye que su envilecimiento ha alcanzado su punto álgido, ha tocado fondo. Y alcanzada esta conclusión: ¿A quién acude para descargarse? ¿A quién se dirige para contárselo? ¿A quién consigna David este primer *"He aquí"*? ¿A quién? ¿A los hombres? No. Su propósito no es llamar la atención de los hombres, diciendo: "¡Contemplad vosotros, oh hijos de los hombres!". En todo caso, este pudiera ser un objetivo secundario, una vez dicho y escrito todo, y puesto en conocimiento de la asamblea; pero no es su objetivo esencial. Aunque no lo especifique, porque era innecesario, la razón primordial de este: *"He aquí"*, es contárselo a Dios; o mejor digamos exponerlo ante Dios personalmente. En otro pasaje se expresa en estos términos: *"Dios miró desde los cielos, y contempló a los hijos de los hombres"*.[63] David, por tanto, sabía bien que Dios es conocedor y consciente de la corrupción humana. Y sin embargo, siente la necesidad de plantear el tema en conversación privada entre Dios y él; por supuesto, no para informar a Dios de algo que ya conocía, sino para dejarle constancia de su propia estupefacción y asombro ante el descubrimiento de su corrupción innata, y contemplar la clase de monstruo deforme en que él mismo se había convertido ante los ojos de Dios a causa de su pecado. Se trata, pues, de un *"he aquí"* reflexionado y reflexivo,

---

[63] Salmo 53:2.

salido de la sorpresa y dirigido, más que Dios, a sí mismo; un *"he aquí"* de perplejidad y asombro, lanzado con estupefacción al contemplar lo precario de su condición humana ante el Dios santo y todopoderoso. Lo cual le lleva, indefectiblemente, a tener que añadir de inmediato un segundo: *"He aquí"*, esta vez dirigido exclusivamente a Dios: *"He aquí, tú amas la verdad en lo íntimo"*. Su reflexión viene a ser, más o menos, la siguiente: «Oh, *he aquí* que por un lado me siento terriblemente abrumado, en todos los aspectos, cuando al contemplarme a mí mismo me doy cuenta de lo corrupto que soy por naturaleza; y *he aquí* que por el otro, cuando considero lo infinitamente santo que tú eres, oh Dios mío, en tu ser y en tu naturaleza, me doy cuenta del grado de santidad que exiges de aquellos que se acercan a ti. ¡Y ambos pensamientos me acosan, me abruman y me condicionan, incapacitándome para mirar más allá de mí mismo, y menos aún a ti, oh Dios, que eres puro y santo!

THOMAS GOODWIN [1600-1679]
"A discourse of Christ the Mediator", 1692

En maldad he sido formado. No hay base razonable para suponer que la intención de David al escribir estas palabras, es cargar sobre sus progenitores la responsabilidad de su corrupción moral. Ni que en alusión a la doctrina del pecado original, trate de excusar la gravedad de su crimen. Todo lo contrario: debemos entenderlas como el deseo de acusarse a sí mismo al considerar lo humillante de su naturaleza caída; de afligirse porque sus transgresiones surjan de un corazón enemistado con Dios por ley natural; de admitir que no es un pecador ocasional, sino portador de una depravación interna que implica propósito y afecta a todos los deseos más íntimos de su alma;

de reconocer que hay: *"otra ley en mis miembros, que se rebela contra la ley de mi mente, y que me lleva cautivo a la ley del pecado que está en mis miembros"*[64]; de asumir que forma parte de una raza de seres culpables, de los cuales ni uno solo puede declararse libre de tener un corazón incrédulo, siempre dispuesto para apartarse del Dios vivo. Hasta que no tomemos conciencia y admitamos que el pecado brota de la fuente más profunda de nuestro corazón, no estaremos en condiciones de reconocerlo y lamentarlo con propiedad, ni de experimentar tristeza a causa del mismo en nuestra vida y en nuestras conversaciones.

JOHN MORISON [1791-1859]
"An Exposition of the Book of Psalms", 1829

En maldad he sido formado. David considera que a pesar de haber admitido su pecado, su penitencia no es suficiente y considera que debe humillarse aún más, descender más bajo todavía. No se conforma con confesar que el agua del estanque es corrupta; acude hasta la propia fuente y asume que el propio manantial está contaminado, desde su mismo nacimiento. La fuente no es limpia, debido a que de los pozos del manantial mana agua contaminada.

THOMAS ALEXANDER
"The Penitent's Prayer: a Practical Exposition of the Fifty-first Psalm", 1861

En maldad he sido formado. Es difícil que alguien logre convencerme de que unos padres que están bajo el dominio de los apegos y pasiones pecaminosas, puedan engendrar hijos sin transmitirles parte de esos desajustes

---

[64] Romanos 7:23.

y pasiones a las que ellos están sujetos, de las que se hallan infectados, y que son propias de su naturaleza humana y pecaminosa. Y si aceptar esta doctrina constituye un problema para alguien, porque pueda parecerle injusta, le pido que reflexione en el hecho de que tal problema atañe por igual, en todo caso, tanto a la revelación bíblica como a la religión natural.[65] Puesto que si partimos del hecho probado que el hombre, como afirmaba Plauto,[66] es un lobo para el propio hombre, *("Homo homini lupus")*, tal comportamiento demuestra que la naturaleza humana se halla en un estado de absoluto desajuste y depravación. Y si aceptamos que tal desajuste es una característica común, que afecta por igual a todos los seres humanos (lo cual resulta también cierto e incuestionable); llegamos a la triste conclusión, triste e inevitable, de que cualquier cuestionamiento que hagamos a la hora de aceptar que el hombre nace corrupto, nos conduce, en todo caso, al primer hombre. Y en cuanto llegamos a este punto, no cabe plantear objeción alguna contra lo que afirma la Revelación, sin

---

[65] Se entiende como *"religión natural"* la existencia en el ser humano de algún tipo de noción o impulso moral y religioso de manera totalmente natural y espontánea. En realidad el *"humanismo"* moderno parte de la *"religión natural"*, en tanto que considera que los seres humanos son miembros de una misma familia, motivo por el cual sostiene que deben tenerse y tratarse como hermanos y gozan de los mismos derechos.

[66] Se refiere a TITO MACCIO PLAUTO [254-184 a.C.], soldado, comerciante y escritor latino; se le atribuyen más de 150 comedias, en las que acuñó numerosas frases que han pasado a la historia como citas célebres como *"Lupus est homo homini, non homo, quom qualis sit non novit"*, "El hombre es un lobo para el hombre, no un hombre, cuando desconoce quién es el otro" que proviene de su comedia *Asinaria* o "Comedia de los dos asnos".

que esa misma objeción afecte también, de rebote, a lo que entendemos como religión natural.

SAMUEL CHANDLER [1693-1766]
"A Critical History of the Life of David. Exposition to Psalm 51", 1766

Y en pecado me concibió mi madre. Los infantes no son inocentes cuando nacen, puesto que nacen con el pecado original; los primeros pañales que les envuelven son de lana pecaminosa, vergüenza, sangre y suciedad.[67] Se dice con propiedad que pecamos cuando todavía estábamos en los lomos de nuestro primer padre Adán, como se dice también que Leví pagó los diezmos a Melquisedec cuando estaba aún en los lomos de su padre Abraham.[68] Pues de lo contrario, si los infantes fueran inocentes no morirían, puesto que la muerte es la paga del pecado[69] y el reinado de la muerte es consecuencia del reinado del pecado, que se ha enseñoreado sobre todos los seres humanos con la excepción de Cristo. Todos, sin excepción, somos pecadores contaminados por la suciedad y culpa del pecado; como dice el antiguo refrán popular: «La enfermedad acaba infectando a todo el rebaño».[70] David reflexiona aquí, por tanto, sobre el pecado original como posible causa de su pecado presente, diciendo: *"He aquí, en maldad he sido formado, y en pecado me concibió mi madre"*. La enfermedad que contamina al hombre comienza ya en la misma cama en la que es concebido; la sutil serpiente

---

[67] Ezequiel 16:4-6.
[68] Hebreos 7:9-10. O *"estaba presente en su antepasado Abraham"*, como traduce la NVI.
[69] Romanos 6:23.
[70] En el original: *"the rot (according to the vulgar saying) over runs the whole flock"*. Probablemente el refrán español equivalente más aproximado sea "La manzana podrida pierde a la compañía".

sembró las semillas de su cizaña con mucha antelación,
de modo que ahora, todos nosotros somos: *"nacido todo
entero en pecado".*[71]

CHRISTOPER NESS [1621-1705]
"Divine Legacy", 1700

Y en pecado me concibió mi madre. A pesar de la opinión de Grotius,[72] y de otros que han afirmado lo contrario, estoy plenamente convencido de que David se refiere
en este versículo a lo que comúnmente se conoce como
pecado original: la propensión al mal que todo hombre
trae consigo al mundo, y que se convierte en una fuente
fructífera de la cual brotan todas las transgresiones.

ADAM CLARKE [1760-1832]
"Commentary on the Whole Bible", 1831

Vers. 6. *He aquí, tú amas la verdad en lo íntimo, y en
lo secreto me has hecho comprender sabiduría.*[73] *[Pero
tú amas la verdad en lo íntimo, y en lo secreto me has
hecho comprender sabiduría.* RVR] *[Yo sé que tú amas la*

---

[71] Juan 9:34, RVR.

[72] Se refiere a HUGO VAN GROOT [1583-1645] también conocido como HUGO GROCIO y HUGO GROTIUS, jurista, escritor y poeta
holandés que participó activamente en los debates religiosos de
la Universidad de Leiden sobre la predestinación entre los teó-
logos FRANCISCUS GOMARUS [1563-1641] y JACOBUS ARMINIUS
[1560-1609].

[73] Resulta muy llamativo el paralelismo entre este versículo (51:6)
y los versículos tres y cuatro del Salmo 49 (49:3-4), sobre la idea
de *"sabiduría"* comprendida en lo *"íntimo"*. En este sentido, re-
comendamos al lector comparar los comentarios a estos versículos
por los distintos autores en ambos salmos.

verdad en lo íntimo; en lo secreto me has enseñado sabi-
duría. NVI] [He aquí, tú deseas la verdad en lo más ínti-
mo, y en lo secreto me harás conocer sabiduría. LBLA]

He aquí. Esta expresión hace de pórtico a un tema
que exige profunda reflexión. Dios no se contenta con
un lustre superficial de santidad, con una capa de virtud
externa y aparente, sino que exige verdadera pureza interior. Y prueba de ello es que el sentimiento de pecado
del penitente, aumenta y se agudiza cuando descubre
esta verdad, y para propio asombro, se da cuenta de
cuán lejos está de alcanzar la exigencia divina. Este segundo *"He aquí"* corre parejo con el anterior que abre
el versículo cinco: Uno enlaza con el otro, cual dos ca-
bos paralelos señalando la entrada a una misma bahía;
y detrás de ellos se extiende una amplia y profunda en-
senada de enseñanza y reflexión.

Tú amas la verdad en lo íntimo. Autenticidad, sinceridad, santidad verdadera, fidelidad del corazón: estas
son las exigencias de Dios. No se interesa por la pureza
fingida; mira la mente, escudriña el corazón, examina el
alma. El Santo de Israel siempre ha valorado a los seres
humanos en base a su naturaleza interior, nunca por lo
que aparentan o profesan exteriormente. Para él lo interior es tan visible como lo exterior, y por tanto, juzga
siempre de manera recta y acertada, sabedor de que el
carácter esencial de una acción recae en su motivación,
es decir, en la intencionalidad del que la ejecuta.

Y en lo secreto me has hecho comprender sabiduría.
El alma penitente siente que Dios le está enseñando en
lo secreto, en lo más íntimo de su ser, verdades que con-
ciernen a su propia naturaleza en las que anteriormente

no había reparado. El amor del corazón, el misterio de la caída, y el camino a la purificación; forman parte de una sabiduría oculta que todos debemos alcanzar y poseer de algún modo; y es de gran bendición saber y creer que el Señor nos la *"hará comprender"* en nuestro interior.

Nadie, excepto el Señor, es capaz de intervenir en lo íntimo y recóndito del hombre, de enseñar a la naturaleza interior; pero él sí puede instruirla y moldearla con provecho. El Espíritu Santo está facultado para grabar en nuestro corazón la ley, lo cual constituye la suma de toda enseñanza práctica; puede depositar en nuestro interior el temor de Dios, que es el principio de toda sabiduría. Y revelarnos a Cristo, que es la sabiduría esencial. Pese a ser almas necias y miserables, confundidas y desordenadas, tenemos esperanza: el Señor pondrá en orden nuestro interior, y la verdad y la sabiduría reinarán en nosotros.

C. H. Spurgeon

He aquí. Antes de aventurarse a exponer la enseñanza fundamental y profunda que encierra este texto, el salmista echa mano de una expresión peculiar que denota admiración y asombro: *"He aquí"*.[74] Se trata de una expresión hebrea peculiar que David utiliza de manera ocasional, únicamente cuando desea destacar algo en especial. Está claro, pues, que nos invita a que prestemos especial atención al tema, sumamente importante, que se propone exponernos a continuación.

ARCHIBALD SYMSON [1564-1628]
"A Sacred Septenarie or A godly and fruitful exposition on the seven Psalmes of repentance", 1623

---

[74] En hebreo הֵן *hên*, "he aquí, contemplad, prestad atención".

Tú amas la verdad en lo íntimo. Amas *la verdad,* no meros símbolos o proyecciones de ella, no sombras o imágenes, sino realidades. Y la amas *en lo íntimo,* es decir, amas la verdad profunda, aquella que anida en lo más hondo del corazón sincero, de la conciencia pura. Dios ama al cristiano *"que lo es interiormente".*[75]

JOHN BULL

Tú amas la verdad en lo íntimo. Hay una variedad de pera francesa a la que se da el nombre de *"Le Bon Chretien",*[76] "la pera del buen cristiano"; porque se dice que el corazón de la misma nunca alcanza a pudrirse.

GEORGE SWINNOCK [1627-1673]
"The Christian Man's Calling", 1665

Y en lo secreto me has hecho comprender sabiduría. En sus anotaciones sobre este salmo, Piscator[77] enfatiza sobre esta frase que David tenía sobradas razones para bendecir a Dios por haberle concedido el don de esta sabiduría especial. Una sabiduría que le capacitó para entender lo recóndito y oculto de un tema tan intrincado; le permitió

---

[75] Romanos 2:29, LBLA.

[76] Se trata de la pera que se conoce con el nombre de *"Williams' Bon Chrétien Pear",* también conocida como *"Aldermaston pear"* o pera europea, cuyo nombre científico es *Pyrus communis.* Fue introducida en Inglaterra en el siglo XVIII por un arboricultor que se llamaba Williams, de aquí el nombre, al que se añadió el calificativo de "buen cristiano" por las cualidades descritas en el texto.

[77] Se refiere a JOHANNES PISCATOR [1546-1625] prolífico teólogo, escritor, traductor y expositor bíblico alemán. Autor de numerosos comentarios al N.T. y A.T. Hizo una traducción de la Biblia al alemán (1605) y es especialmente conocida su *"Anhang des herbonischen biblischen Wercks",* 1610.

descubrir en su corrupción innata la razón y causa de su pecado; y como resultado, le llevó a abrir su corazón.

Thomas Goodwin [1600-1679]
"A discourse of Christ the Mediator", 1692

Y en lo secreto me has hecho comprender sabiduría.
Una cosa es ser sabio en conocimientos, o sabio para hablar y expresarse, y otra muy distinta ser sabio de corazón. Por ello la Escritura se refiere con frecuencia y enfatiza de manera especial la sabiduría del corazón. Se afirma de Dios mismo que es *"sabio de corazón, y poderoso en fuerzas"*[78], mientras que de otras criaturas necias, como de Efraín, se dice que son una *"paloma incauta, sin entendimiento"*[79]. Hay personas de las que se afirma con propiedad que poseen una gran *cabeza*, pero no tienen *corazón;* disfrutan de un cerebro privilegiado, abarrotado de conocimientos, pero su corazón está vacío; ejercen su profesión de manera brillante, espectacular; pero con el corazón apagado y frío. Quienes viven de ese modo no son más que unos necios, rematados necios.

John Murcot [1625-1654]
"Several works of Mr John Murcot", 1657

Y en lo secreto me has hecho comprender sabiduría.
Hay quienes traducen *"me hiciste comprender sabiduría"* buscando en el modo subjuntivo del verbo una alusión a la situación anterior a su pecado. Como si el salmista tratara de decir: «En el pasado, en lo secreto me hiciste

---

[78] Job 9:4.
[79] Oseas 7:11. En hebreo: כְּיוֹנָה פוֹתָה אֵין לֵב *kayōwnāh pōwṯāh 'ên lēḇ.* La KJV traduce más literal *"like a silly dove without heart"*, "una paloma necia sin corazón".

comprender sabiduría, mas ahora he caído del plano superior, del estado ventajoso en el que me encontraba, y he arruinado toda la obra que tú habías llevado a cabo en mí. Al dejarme arrastrar por la lujuria, he sucumbido, me he contaminado y he destruido mi anterior situación de privilegio".

ARTHUR JACKSON [1593-1666]
"Annotations upon the five books immediately following the historicall part of the Old Testament (commonly called the five doctrinall or poeticall books) Iob, the Psalms, the Proverbs, Ecclesiastes, and the Song of Solomon", 1658

Amas la verdad en lo íntimo, y en lo secreto me harás comprender sabiduría.[80] La conjunción copulativa que conecta estas dos cláusulas ("y"), revela una correspondencia entre la revelación de la voluntad divina y el impulso a la oración por parte del corazón del penitente: "Tú amas la verdad en lo íntimo, y por tanto, me harás comprender sabiduría en lo secreto". O dicho de otro modo, lo que me pides por un lado te has comprometido a dármelo por el otro. El arrepentimiento y la fe son exclusivamente dones de Dios; y toda mente que ha sido despertada por el evangelio es absolutamente consciente de que es así.

THOMAS TREGENNA BIDDULPH [1763-1838]
"Lectures on the Fifty-first Psalm, delivered in the Parish Church of St. James', Bristol", 1835

---

[80] Traducción literal de la KJV que traduce el segundo verbo en tiempo futuro: *"in the hidden part thou shalt make me to know wisdom"*, **"me harás** entender sabiduría". La mayor parte de traducciones españolas traducen en pasado "me has hecho".

Vers. 7-8. La genuina convicción de pecado implica un reconocimiento exhaustivo del delito cometido, no solo en lo que refiere a nuestras acciones, sino en lo que abarca e implica a todo nuestro ser.

AUGUST FRIEDRICH THOLUCK [1799-1877]
"A Translation and Commentary of the Book of Psalms for the Use of the Ministry and Laity of the Christian Church", 1856

Vers. 7. Purifícame con hisopo, y seré limpio; lávame, y seré más blanco que la nieve. *[Purifícame con hisopo, y seré limpio; lávame, y quedaré más blanco que la nieve.* RVR] *[Purifícame con hisopo, y quedaré limpio; lávame, y quedaré más blanco que la nieve.* NVI] *[Purifícame con hisopo, y seré limpio; lávame, y seré más blanco que la nieve.* LBLA]

Purifícame con hisopo, y seré limpio. «Rocíame con la sangre expiatoria a través del medio designado para ello;[81] dame la realidad de aquello que las ceremonias legales simbolizan. Nada, fuera de la sangre misma, puede quitar las manchas de sangre que hay en mí; nada fuera de la más

---

[81] Números 19:17-20. KRAUS hace al respecto la siguiente observación: «Alude a una antigua ceremonia de purificación. אֵזוֹב *ezob* no se identifica probablemente con el ὕσσωπος griego, como se ha pensado una y otra vez y se ha hecho referencia a la planta *Hyssopus officinalis.* Es mucho más probable que se trate, de la mejorana: *Origanum Maru.* Cf. G. Dalman, *AuS* I, 543-545. Es probable que con ramos de hisopo se hiciera una especie de rociador para hacer una aspersión de agua o de sangre sobre el penitente en señal de absolución. A los ramos como tales se les atribuía poder purificador».

intensa purificación logrará limpiarme. Haz que la ofrenda por el pecado purgue mi pecado. Haz que aquel que fue designado para expiar, ejecute su oficio sagrado sobre mí; pues nadie lo necesita tanto como yo».

Este pasaje puede ser leído y entendido como la voz de la fe o como una oración suplicante, por ello exclama: *"Purifícame con hisopo, y seré limpio".* "A pesar de lo sucio que me encuentro, –reflexiona la fe– hay en la propiciación divina tanto poder, que mi pecado desaparecerá por completo. Y así, igual que el leproso sobre el cual el sacerdote ejecutaba el rito de purificación, seré admitido de nuevo en la asamblea de tu pueblo y me será permitido compartir los privilegios del verdadero Israel; y asimismo, por los méritos de Jesús, mi Señor, seré también aceptable de nuevo ante tus ojos".

Lávame. «Haz que el proceso de mi purificación sea profundo y completo; que no sea meramente una figura, sino que implique una purificación espiritual real y verdadera en mi interior; que arrastre toda inmundicia y limpie toda la polución propia de mi naturaleza. Haz que tanto el proceso de santificación, así como el de perdón, se perfeccionen en mí. Y sálvame de todas las maldiciones, de los males y padecimientos que mi pecado ha creado y alimentado dentro de mí».

Y quedaré más blanco que la nieve. «Nadie, fuera de ti, puede emblanquecerme. Pero tú sí puedes, en tu gracia, rehacer mi naturaleza y devolverla a su estado más puro. La nieve es blanca, pero pasajera, pues fácilmente se ve alterada en su blancura por el humo y el polvo; y pronto se derrite y desaparece. Pero tú puedes darme una pureza muy superior a la de la nieve, una pureza permanente, aunque esta sea considerada como el más perfecto ejemplo de blancura, pues es igual de blanca en su interior como en la superficie; tú puedes obrar en mí una pureza y una blancura tal, que tan siquiera la nieve pueda compararse a ella, hasta el punto de que solo recurriendo a una hipérbole: *"más blanco"*, pueda describirse mi blancura inmaculada. ¡Hazlo, Señor!, mi fe cree y sabe bien que puedes hacerlo». Pocos versículos hay en toda la Escritura que describan una fe tan absoluta como esta. Considerando la naturaleza del pecado cometido y el profundo sentimiento que tenía el salmista de la gravedad del mismo, la fe que demuestra es ciertamente extraordinaria, una fe gloriosa, capaz de ver en la sangre un mérito más que suficiente para purificarle y erradicar su pecado por entero. Y teniendo en cuenta, además, que David acababa de descubrir el elevado nivel de corrupción heredado e inherente en su interior, y lo estaba experimentando muy directamente, es un milagro de la fe que pueda regocijarse de ese modo en la esperanza futura de una pureza total y perfecta. Con todo, es necesario decirlo, la fe no es más que aquello que la Palabra otorga y garantiza, que la sangre expiatoria alienta, y la confianza que las promesas de Dios nos merecen. ¡Oh, qué privilegio tan grande sería si la lectura de estas palabras sirviera para que alguien, aun cuando se encuentre experimentando en su corazón la dolorosa punzada del pecado, alentara el deseo de honrar a Dios confiando de forma incondicional en el sacrificio consumado del Calvario, y la misericordia infinita que en el mismo se nos revela.

C. H. Spurgeon

Y quedaré más blanco que la nieve. Pero, ¿cómo es esto posible? Ni todos los jabones de la tierra pueden volver blanco aquello que previamente se ha manchado y teñido de rojo. ¿Cómo es posible, pues, que mis pecados, que son rojos como el carmesí, puedan ser hechos más blancos que la nieve? Es evidente que semejante retrogradación no es obra del ingenio humano; únicamente puede ser obra de Aquel capaz de hacer posible lo imposible, como cuando hizo retroceder diez grados el sol en el reloj de Acaz.[82] Dios tiene un salitre de gracia capaz de aclarar y diluir no solo el rojo de los pecados carmesí, sino incluso toda la negrura de los pecados mortales, dejando el alma blanca y pura como la nieve. Pero ni esa blancura basta como garantía de nuestra limpieza; es un buen ejemplo de contraste positivo, pero también lo puede ser negativo, puede simbolizar pureza pero también pecado, como el caso de Giezi, siervo de Elías, que *"salió de delante de Elías leproso, blanco como la nieve"*[83]. Lo que realmente necesitamos, según afirma David, es ser hechos *"más blancos que la nieve"*. Y esta blancura superlativa, que aventaja la de la nieve, es la que tiene lugar en nuestro interior cuando somos lavados por Dios; porque no hay nieve alguna que luzca tan blanca ante los ojos de los hombres, como blanca luce el alma limpia de pecado ante los ojos de Dios.

RICHARD BAKER [1568-1645]

"Meditations and Disquisitions upon the Seven Psalmes of David, commonly called the Penitential Psalmes", 1639.

Vers. 8. Hazme oír gozo y alegría, y se recrearán los huesos que has abatido. *[Hazme oír gozo y alegría, y se recrearán los huesos que has abatido. RVR] [Anúnciame gozo y alegría; infunde gozo en estos huesos que has*

---

[82] Isaías 38:8; 2ª Reyes 20:9-11.
[83] 2ª Reyes 5:27.

quebrantado. NVI] *[Hazme oír gozo y alegría; que se regocijen los huesos que has quebrantado.* LBLA]

Hazme oír gozo y alegría. [84] Comienza el salmo hablando de sus pecados y rebeliones; implora acto seguido el perdón divino; y a continuación reclama escuchar de labios de su Dios *"gozo y alegría".* A su dolor y pena ya hará referencia más adelante, en oración. Busca el consuelo en el momento oportuno, y de la fuente adecuada. Sabe que el pecado ha endurecido y mermado sus facultades auditivas, y en consecuencia, ora suplicando: *"Hazme oír".* Sabe que ninguna voz sería capaz de reactivar sus anteriores gozos, excepto aquella capaz de revivir a los muertos. Y el perdón divino le aporta un deleite duplo: *"gozo y alegría".* Dios no escatima el gozo en aquellos a quienes perdona, al contrario, no solo hace que el regocijo florezca en ellos por partida doble: *"gozo y alegría",* sino que hace también que *lo oigan;* lo que les lleva a prorrumpir de inmediato en un canto de alabanza y exultación.

Y se recrearán [85] *los huesos que has abatido.* David se sentía como un pobre desventurado cuyos huesos han sido

---

[84] Dice AGUSTÍN DE HIPONA [353-429]: «Oír siempre es mejor cosa que decir; escuchar aporta mayores garantías de gozo y alegría que hablar. Los que escuchan siempre son más felices que los que hablan. Pues el que escucha y aprende es fácilmente humilde; pero el que habla para enseñar ha de estar siempre pendiente de lo que dice y cómo lo dice, para no ser soberbio, evitando que se introduzca subrepticiamente en su interior el deseo de embelesar a los demás y ser halagado por ello, no sea que tratando de agradar a los hombres termine por desagradar a Dios».

[85] En hebreo: תָּגֵלְנָה עֲצָמוֹת *tāḡêlǝnāh ʿăṣāmōwṯ* de גִּיל *ḡíyl,* "regocijarse, alegrarse en gran manera, saltar de alegría". Las versiones francesas de la *"Bible de Jérusalem"* y la *"Traduction Oecuménique de la Bible"* hacen una dinámica pero hermosa y

aplastados, y no por una fuerza común y ordinaria, sino por la mismísima omnipotencia divina. No gemía a causa de simples heridas físicas de la carne; sino porque todas sus fuentes internas de vigor habían sido «quebrantadas y machacadas, hechas pedazos»[86]; su sensibilidad humana había sido dislocada, aplastada, y reducida a una sombra trémula y cimbreante. Y sin embargo, sabía muy bien que si Aquel que le había triturado accedía a sanarle, cada herida abierta se transformaría en una boca dispuesta para el canto; y cada hueso tembloroso en su agonía se convertiría en una fuente de intenso deleite. La metáfora: *"se recrearán los huesos que has abatido"*, es atrevida, sin duda; y también lo es el suplicante. Pide algo insólito: gozo para un corazón pecaminoso y música para los huesos abatidos. ¡Asombrosa oración y descabellada petición en cualquier parte, excepto ante el trono de Dios! Y allí, resultaría más descabellada todavía, de no contar con la cruz del Calvario en la que Jesús llevó nuestros pecados en su cuerpo sobre el madero.[87] El penitente ya no debe suplicar ser admitido en calidad de siervo;[88] o instalarse en el perpetuo desespero, conformándose con vivir el resto de sus días en continuo

---

significativa traducción: *"et qu'ils dansent, les os que tu as broyés"*, "y danzarán los huesos que tú has machacado". La Reina Valera Contemporánea, RVC, traduce: *"y revivirán estos huesos que has abatido"*.

[86] El texto original inglés dice: *"broken in pieces all asunder,"* una cita de las palabras de un conocido poema del poeta GEORGE HERBERT [1593-1633]. Concretamente las de la primera línea de la primera estrofa de *"Affliction IV"*, que dice literalmente: *"Broken in pieces all asunder, / Lord, hunt me not, / A thing forgot, / Once a poor creature, now a wonder, / A wonder tortur'd in the space / Betwixt this world and that of grace"*.

[87] 1ª Pedro 2:24.

[88] Lucas 15:19.

lamento; ahora, puede implorar abiertamente *"gozo y alegría"* y sabe que le será concedido; porque cuando los pródigos regresan, el padre se goza y los amigos y vecinos se regocijan y hacen gran fiesta, con música y danzas.[89] Y siendo así, ¿qué motivo hay, cuál es la razón de que el creyente restaurado esté triste y se sienta desventurado?

C. H. Spurgeon

Hazme oír gozo y alegría. En esto se demuestra el amor inconmensurable de Dios con sus hijos, este es el amor que todo lo excede: No solo les ha provisto de una salvación segura mediante la remisión de sus pecados en Cristo Jesús; sino que además, hace patente en su corazón el testimonio de la misma, sellándola por medio del Espíritu Santo,[90] a fin de proporcionarles consolación y evitar que sean engullidos bajo el peso de continuas tentaciones. Dios no se comunica y habla con todos sus hijos por medio de un ángel, como hizo con Daniel, diciéndole: *"varón muy amado"*[91]; o a la bendita Virgen María, con un: *"Salve, muy favorecida"*[92]; pero eso no significa que no hable directamente al corazón de todos sus hijos mediante un testimonio interior; un testimonio que cuando lo perciben y experimentan, les hace sentir vivos; y que cuando les falta, hace que se sientan como muertos; lo cual hace que sus almas lo busquen y anhelen hasta el punto de rechazar cualquier otro consuelo.

William Cowper [1731-1800]
"Good News from Canaan; or, An Exposition on the 51 Psalm", 1629

---

[89] Lucas 15:22-24.
[90] Efesios 1:13-14.
[91] Daniel 10:11.
[92] Lucas 1:28.

Hazme oír gozo y alegría. El cristiano es objeto de grandes contradicciones y de intensos contrastes. Puede ser la persona más angustiada del mundo, y a su vez, no haber en el mundo otro ser más gozoso que él. Porque la causa y razón de su gozo es la fuente eterna, la mayor que pueda existir. Al ser su miseria superlativa, su liberación lo es también, y en consecuencia su gozo es máximo. Ha sido librado de la muerte y del infierno y es guiado hacia a una vida de felicidad en el cielo (...) El salmista busca su gozo en Dios mismo, y exclama: *"Hazme oír"*; lo que nos lleva a concluir que su gozo procede exclusivamente de Dios; el Señor es su fuente única de satisfacción, júbilo y alegría, porque *"todo lo bueno viene de arriba"*[93], como nos recuerda en apóstol Santiago: *"toda buena dádiva y todo don perfecto desciende de lo alto, del Padre de las luces"*[94]. Los goces y placeres de la carne provienen de fuentes naturales y físicas; los goces espirituales brotan única y directamente de Dios; por tanto, quien los busca aquí abajo, es como si buscara agua caliente debajo del hielo.[95]

ARCHIBALD SYMSON [1564-1628]
"A Sacred Septenarie or A godly and fruitful exposition on the seven Psalmes of repentance", 1623

---

[93] La frase original es *"all good things come from above"*, y procede de la frase latina *"Omne Bonum Ab Alto"*, un antiguo *motto* utilizado como lema por algunas instituciones académicas anglosajonas, en concreto la *"Heath Grammar School"* en Savile Park, Halifax, West Yorkshire, Inglaterra, fundada en 1585 y conocida actualmente como *"Crossley Heath School"*.

[94] Santiago 1:17.

[95] Una figura hermosa de una perspectiva literaria que ilustra de manera muy gráfica lo que el autor pretende demostrar: algo absurdo e imposible por contraste. Sin embargo, hoy en día podría

Hazme oír gozo y alegría. Se trata de una nueva referencia a la ceremonia de purificación de los leprosos, a quienes el sacerdote debía tocar el lóbulo de la oreja derecha con su mano cubierta de aceite, según leemos en Levítico: *"También el sacerdote pondrá del aceite que tiene en su mano sobre el lóbulo de la oreja derecha del que se purifica, sobre el pulgar de su mano derecha y sobre el pulgar de su pie derecho, en el lugar de la sangre de la culpa".*[96] Como prueba y demostración de que sus facultades para el servicio a Dios han sido restauradas, David ora pidiendo que sus oídos sean también santificados para poder *"oír gozo y alegría";* cosa que un corazón no santificado jamás está en condiciones de escuchar ni recibir.

WILLIAM WILSON [1783-1873]
"The Book of Psalms: With an Exposition, Evangelical, Typical, and Prophetical, of the Christian Dispensation", 1860

Y se recrearán los huesos que tú has quebrantado. Dios aflige a sus hijos cuando caen en pecado, y lo hace con el propósito de favorecerles. La idea misma de huesos quebrantados, pese a que transmite una sensación de sufrimiento intenso, aporta un sentimiento de esperanza, puesto que los huesos quebrantados hábilmente por una mano experta se pueden componer fácilmente y regresar a

---

ser fácilmente cuestionada desde una perspectiva científica, pues los investigadores han descubierto recientemente importantísima actividad volcánica bajo el manto de los hielos de la Antártida Occidental y enormes bolsas de cenizas y agua caliente. Con todo, hay que tener en cuenta la época en que fue escrito el comentario (siglo XVII) y tomar la ilustración en su correcto sentido.
[96] Levítico: 14:14, 17, 28.

su estado primigenio de fuerza y vigor.[97] De igual modo, una conciencia quebrantada por causa del pecado, no es una conciencia desahuciada, no queda al margen de la esperanza. Pese a ello, ningún hombre sabio se arriesgaría a pecar, confiando en tal esperanza, diciéndose a sí mismo: «Aunque salga herido y quebrantado, todavía me quedarán posibilidades», puesto que conviene tomar en consideración:

1. *La razón o causa del hecho.* ¿Quién quebranta los huesos? Dice: *"Que tú has quebrantado"*. Es decir, *Tú;* el mismo que los creó y los puso en su debido lugar, atándolos con ligamentos y cubriéndolos de carne. Reflexionemos en lo grave que ha de ser la situación, para que el mismo que hizo nuestros huesos y buscó la manera de protegerlos para evitar que se rompieran fácilmente, decida ahora quebrantarlos. Cuando el Dios de toda consolación[98] que nos conforta en todas nuestras penas, toma le decisión de afligirnos él mismo, con su propia mano ha de ser porque nuestro comportamiento ha excedido todos los límites.

2. *La intensidad del dolor.* La gravedad y profundidad del sufrimiento experimentado, que tan bien expresa el salmista bajo la idea de huesos quebrantados, surge de la agonía que experimenta el alma a causa del pecado y del consiguiente terror al fuego consumidor de la ira de Dios, al *torbellino* de su ira, como bien lo define Job.[99]

3. *La complejidad de recomponer los huesos quebrantados y el sufrimiento adicional que ello acarrea.* A pesar de que unas manos expertas pueden juntar de nuevo los huesos dislocados y colocarlos en su debido lugar, el proceso no es fácil; y en todo caso, provoca

---

[97] Isaías 66:14.
[98] 2ª Corintios 1:3.
[99] Job 27:20.

en el paciente un dolor inevitable muy intenso. El arrepentimiento restaura todos nuestros huesos doloridos y quebrantados; recupera el alma librándola de su angustia; pero todo aquel que haya pasado por un verdadero arrepentimiento, sabe bien que los placeres del pecado, por dulces que en un momento determinado puedan parecer, son temporales, y no igualan ni de lejos su precio posterior en lágrimas, que son *"sanguinis vulnerati cordis"*, "lágrimas de sangre del corazón herido". No compensan su coste en suspiros y gemidos inexpresables; su coste en vigilias, ayunos, y disciplina del cuerpo, a fin de llevarlo de nuevo a sujeción, crucificando la carne y sus impulsos lujuriosos. Por tanto, no tiene sentido que alguien decida aventurarse a arriesgar de ese modo sus huesos, en la esperanza de recomponerlos después.

SAMUEL PAGE [1574-1630]
"David's Broken Heart; or, an Exposition upon the whole Fifty-one Psalm", 1646

Y se recrearán los huesos que tú has quebrantado. El desagrado que Dios había manifestado abiertamente respecto a los pecados de los que David era culpable, y el sentimiento profundo del salmista referente a las circunstancias agravantes de los mismos, saturaron su mente de pena y agonías; hasta el punto de que lo compara a la refinada tortura del dislocamiento de huesos.[100] Y exclama

---

[100] Dice al respecto JOSÉ Mª MARTÍNEZ [1924-2016] en "Salmos Escogidos": «A la petición de perdón y purificación añade David otra súplica: *"Hazme oír gozo y alegría y se recrearán los huesos que has abatido"*. El pecado tiene efectos devastadores no solo en el orden moral, sino también en el psíquico y aun en el físico. La situación creada por el sentimiento de culpa se describe en el Salmo 32:3-4, en términos que nos ayudan a entender el ruego del Salmo 51:8: *"Mientras callé, se consumieron mis huesos en mi gemir de*

sentirse como si todos sus huesos hubieran sido quebrantados, ya que el significado del verbo hebreo en el texto original: דִּכִּיתָ *dikkîṯā* de דָּכָה *dâkâh,* va mucho más allá de la simple idea de romper o quebrantar, de una cosa rota; significa más bien desmenuzar o triturar, de algo roto en múltiples y numerosos pedazos. A su vez, la misma figura de los huesos quebrantados, le sirve para comparar el gozo que entiende le va a proporcionar saber que Dios le ha declarado limpio y reconciliado con él, con la indescriptible sensación de placer y bienestar que sin duda emana del la sanidad y restablecimiento de esos huesos que habían sido aplastados y quebrados en pedazos.[101]

SAMUEL CHANDLER [1693-1766]
"A Critical History of the Life of David. Exposition to Psalm 51", 1766

Vers. 9. ***Esconde tu rostro de mis pecados, y borra todas mis maldades.*** *[Oculta tu rostro de mis pecados, y borra todas mis maldades. RVR] [Aparta tu rostro de mis pecados y borra toda mi maldad. NVI] [Esconde tu rostro de mis pecados, y borra todas mis iniquidades. LBLA]*

Oculta tu rostro de mis pecados. No los mires; haz todo lo posible para no verlos. Soy consciente de que se deslizan y se interponen por sí mismos en medio del camino

---

todo el día. Porque de día y de noche pesaba sobre mí tu mano; se volvió mi verdor en sequedades de estío". El remordimiento roe la conciencia y hunde en el abatimiento; ahuyenta la alegría y produce el dolor de un completo quebrantamiento interior».
[101] Isaías 66:14.

entre tú y yo; pero, Señor, rehúsa contemplarlos, puesto que si lo haces se encenderá tu ira, y moriré.

Borra todas mis transgresiones. David repite aquí la misma súplica del versículo primero, pero añadiendo el adverbio de cantidad: *"todas"*. No todas las repeticiones son *"vanas repeticiones"*[102]. Al alma que está sufriendo en agonía, no le queda tiempo para invertir buscando frases innovadoras y explayarse jugando con las gradaciones del lenguaje: la urgencia que impone el dolor tiene que conformarse con repeticiones, aunque suenen monótonas. David se sentía tan profundamente avergonzado de contemplar su pecado, que su mente no daba con frases lo bastante elocuentes, ni giros gramaticales elegantes como para apartar de ella su aflicción; así que, simplemente, se limita a orar repitiendo al Señor que haga con su pecado lo que él se ve incapaz de hacer. Puesto que si Dios no oculta su rostro y aparta su mirada de nuestro pecado, tiene que apartarla para siempre de nosotros; y si no borra nuestras transgresiones, tiene que borrar nuestros nombres del libro de la vida.

C. H. Spurgeon

Oculta tu rostro de mis pecados. El verbo hebreo que se utiliza aquí הַסְתֵּר *hastêr* de סָתַר *sâthar* significa propiamente "cubrir con un velo", o esconderlo detrás de un velo.

Samuel Chandler [1693-1766]
"A Critical History of the Life of David. Exposition to Psalm 51", 1766

Oculta tu rostro de mis pecados. En el versículo tres, el salmista dijo que su pecado estaba siempre *delante* de sus

---

[102] Mateo 6:7.

ojos; y ahora, en el nueve, ruega a Dios que aparte de él su mirada y la sitúe por *detrás* de los suyos. Este orden *"delante/detrás"* es apropiado y muy significativo. Pues si nosotros colocamos nuestros pecados *detrás* de nuestros ojos con la intención de persistir en ellos, Dios los colocará *delante* de los suyos, a la hora de juzgarlos y castigarlos. Pero nosotros si los mantenemos *delante* para reconocerlos y arrepentirnos, Dios los colocará *detrás* perdonándolos y olvidándose de ellos. O como lo expresa Agustín comentando este salmo: *"Peccatum unde homo non advertit Deus: et si advertit, animadvertit"*, "aquellos pecados de los cuales el hombre no se aparta, Dios los ve; y si los ve, los tiene en cuenta y los castiga."

WILLIAM COWPER [1731-1800]
"Good News from Canaan; or, An Exposition on the 51 Psalm", 1629

Todas mis transgresiones. Cuando procedemos a considerar un pecado cometido, este evoca a otro, y la cadena se repite y multiplica en nuestra mente de un modo exponencial, despertando en la memoria miles de otros pecados que permanecían dormidos y ocultos. Hay pecados que permanecen en nuestro interior, en estado latente durante mucho tiempo, cual si de una cuenta pendiente se tratara; y ello nos ocasiona desasosiego, inquietud y malestar, pues nunca sabemos en qué momento nos la pueden reclamar. Por tanto, cuando imploremos perdón por un pecado, hagámoslo también por todos los demás, como el salmista, por *"todas mis transgresiones"*. Imploremos un perdón general; aunque eso sí, cuidándonos bien de no ir sumando, es decir, añadiendo pecados nuevos a los viejos.

JOHN TRAPP [1601-1669]
"A commentary or exposition upon the books of Ezra, Nehemiah, Esther, Job and Psalms", 1657

Vers. 10. Crea en mí, oh Dios, un corazón limpio, y renueva un espíritu recto dentro de mí. *[Crea en mí, oh Dios, un corazón limpio, y renueva un espíritu recto dentro de mí.* RVR*] [Crea en mí, oh Dios, un corazón limpio, y renueva la firmeza de mi espíritu.* NVI*] [Crea en mí, oh Dios, un corazón limpio, y renueva un espíritu recto dentro de mí.* LBLA*]*

Crea en mí. ¿Es posible? ¿Hasta tal punto destruye el pecado nuestra naturaleza, que hace falta invocar nuevamente al Creador para que la recomponga? ¡Qué devastación tan horrenda ha ocasionado el mal en la raza humana! Mi cuerpo físico, mi armazón exterior, sigue vivo, continuo existiendo; pero por dentro estoy muerto, vacío, desierto. ¡Ven, pues, Señor, y que tu poder se haga de nuevo presente obrando una nueva creación en mi interior caído! ¡Tú, que creaste al hombre en el principio, crea ahora, Señor, un hombre nuevo dentro de mí!

Un corazón limpio. En el versículo siete pidió ser limpiado; ahora pide un corazón adecuado a su nuevo estado de limpieza. Pero fijémonos en que no dice: *"Limpia mi viejo corazón"*; no, tiene ya demasiada experiencia como para caer en semejante error, puesto que de sobra conoce la incapacidad de su vieja naturaleza. Quiere enterrar al viejo hombre como algo muerto, y que una nueva creación ocupe su lugar. Nadie, fuera de Dios, tiene capacidad para crear; ya sea un nuevo corazón o una nueva tierra. Y la salvación se erige como una demostración maravillosa de esa acción del poder supremo, pues tanto lo que obra *en* nosotros, como *por* nosotros, es pura manifestación de la omnipotencia divina.[103] Y ante todo, precisa rehacer nuestras inclinaciones y afectos, de lo contrario, nuestra naturaleza se desviaría de inmediato, saliéndose de su propósito. El corazón es el timón del alma, y hasta que el Señor no lo empuña, maniobramos en falso y seguimos un curso equivocado. ¡Oh, Señor, tú que ya me creaste una vez, complácete ahora en crearme de nuevo, y renuévame en lo más íntimo y secreto de mi ser interior! *Y renueva un espíritu recto dentro de mí.* «Sí, Señor, ese espíritu recto que antes estaba ahí, y ahora ya no está, colócalo de nuevo en su lugar. La ley que antes estaba grabada en mi corazón, se ha convertido en una inscripción difícil de leer; grábala ahí de nuevo, oh compasivo y benevolente Hacedor. Extirpa todo el mal reemplazándolo por el bien, o corro el riesgo de que, viendo mi interior vacío pero barrido y adornado, siete espíritus aún peores que el primero se instalen en él para convertirlo en

---

[103] JOSÉ Mª MARTÍNEZ [1924-2016] lo expresa con estas hermosas y poéticas palabras en "Salmos Escogidos": «La transformación interior no es cosa fácil. Implica nada menos que un nuevo acto creador de Dios (…) Solo el poder del Espíritu que estableció el orden en una tierra desordenada y vacía (Génesis 1:2) puede poner fin al caos de una vida trastornada por el pecado. Solo el Dios que hizo resplandecer la luz y disipó las tinieblas (Génesis 1:2-3) puede iluminar la mente oscurecida del hombre mediante el conocimiento de su gloria (2ª Corintios 4:6). Solo quién creó la vida e hizo al hombre a su imagen y semejanza puede dar al hombre, muerto en sus delitos y pecados (Efesios 2:1), una vida nueva (Efesios 2:5) y hacer de él una nueva creación (2ª Corintios 5:17), un *"hombre nuevo"* recreado por Dios *"en la justicia y santidad de la verdad"* (Efesios 4:24). Esta nueva creación, que sería anunciada por los profetas (Jeremías 24:7; Ezequiel 36:26) y realizada por Cristo, es lo que pide David en el punto central del Salmo».

su morada».[104] De unir ambas frases con sus correspondientes verbos: *"crea"* y *"renueva"*, surge una única, y tan bella como completa oración: «*Crea* de nuevo en mí, Señor, aquello que existía y ya no existe; y *renueva* lo que en estado deplorable, aún subsiste».

C. H. SPURGEON

Crea en mí. Con el propósito de destacar el cambio tan profundo que su naturaleza humana requería, y que bajo su criterio únicamente podía ser llevado a cabo por el propio Dios, el salmista utiliza el verbo בָּרָא *bârâ*, que en la Escritura se utiliza únicamente para describir la acción creadora de Dios.

CRISTOPHER WORDSWORTH [1807-1885]
"Commentary on the Whole Bible", 1856

Un corazón limpio. El sacerdote debía examinar exhaustivamente y con el máximo cuidado cada centímetro de piel del leproso antes de pronunciarse y declararle limpio. David ora con esa idea en mente, pidiendo a Dios que su corazón quede limpio de forma completa y exhaustiva.

WILLIAM WILSON [1783-1873]
"The Book of Psalms: With an Exposition, Evangelical, Typical, and Prophetical, of the Christian Dispensation", 1860

Crea en mí, oh Dios, un corazón limpio. ¡Oh, Señor, tú que creaste de la nada el primer cielo y la primera tierra! ¡Tú, que vas a crear en el futuro un *cielo nuevo* y una

---

[104] Lucas 11:24-26.

tierra nueva (donde more la justicia),[105] ya que el pecado ha hecho de los seres creados lo peor que podía haber! ¡Tú que creas la *nueva criatura*,[106] el nuevo hombre, para que encaje como habitante de ese nuevo mundo, como ciudadano de la nueva Jerusalén! Tú que has dicho *"He aquí, yo hago nuevas todas las cosas"*[107], *Crea* en mí; sí, incluso en mí; en alguien de mi calaña; *"un corazón limpio y renueva un espíritu recto dentro de mí"*.

MATTHEW LAWRENCE
"The Use and Practice of Faith", 1657

Crea en mí, oh Dios, un corazón limpio. Fijémonos en que David ora al Señor pidiéndole *crear en él un corazón limpio;* no enmendar o restaurar el viejo, sino implantar en él un corazón totalmente nuevo. Con ello deja claro que asimila su viejo corazón a un vestido viejo, tan sucio y raído que es imposible remendarlo, por lo que debe ser desechado y reemplazado por otro nuevo. El apóstol Pablo coincide plenamente con David cuando nos recomienda: *"despojaos del viejo hombre"*;[108] no "remendadlo y lavadlo hasta que quede limpio", sino desechadlo, es decir, sustituidlo por otro nuevo. ¿Tenemos claro lo que esto simboliza? Significa recomponer la imagen original de Dios en nosotros hasta ser como era Adán antes de su caída, cuando habitaba en el Paraíso. El viejo hombre debe desaparecer por completo y transformarse en un nuevo hombre, reemplazando todas sus funciones y cualidades:

---

[105] Isaías 65:17; 66:22; 2ª Pedro 3:13; Apocalipsis 21:1.
[106] 2ª Corintios 5:17; Gálatas 6:15; Efesios 2:10,15; 4:24; Colosenses 3:10.
[107] Apocalipsis 21:5.
[108] Efesios 4:22.

conocimiento por conocimiento, amor por amor, temor por temor. La sabiduría terrenal ha de ser sustituida por sabiduría celestial; el amor carnal desplazado por el amor espiritual; el temor servil suplido por la libertad cristiana; los pensamientos ociosos suplantados por obras de santificación.

HENRY SMITH [1560-1591]

Crea en mí, oh Dios, un corazón limpio. Hablando con propiedad, crear es hacer una cosa de la nada. Y en tal caso, no queda más remedio que admitir que el salmista hace aquí un uso impropio del término *"crear"*; en tanto que impulsado por sus propios sentimientos y el severo juicio que hace de sí mismo, se expresa como si lo hubiera perdido todo y no quedara ya en su corazón una sola brizna de bondad. Cuando no nos cabe la menor duda que una parte del corazón del salmista seguía estando limpia. Ciertamente, no todo lo limpia como él hubiera deseado, pero limpia al fin y al cabo. Y dicho esto, vamos a analizar esto con un poco más de detalle en base a la siguiente pregunta:

Pregunta: ¿Cabe plantearse que habiendo estado con anterioridad limpio, el corazón de David pudiera llegar al punto extremo de perder por completo su pureza?

Respuesta: Decididamente, no. Los dones y el llamado de Dios, esto es, (y según yo lo entiendo) los dones del *llamamiento eficaz*[109] no son reversibles, pues su naturaleza

---

[109] El *"llamamiento eficaz"* o acción por la que Dios llama a una persona a sí mismo, es uno de los puntos clave de la teología reformada. La "Confesión de Fe de Westminster" dedica al mismo un capítulo entero (el Capítulo 10): «I. A todos aquellos a quienes Dios ha predestinado para vida, y a ellos solamente, le agrada en su

es que Dios nunca se arrepiente de haberlos dado y jamás los sustrae de aquel a quien los ha concedido. La fe, la esperanza y el amor son dones permanentes, tan permanentes como la propia elección divina, que es inmutable. Ciertamente, si los contemplamos y valoramos únicamente en base a sí mismos y contrastándolos con el poder de sus enemigos, diríamos que no superarían el embate de

---

tiempo señalado y aceptado, llamar eficazmente (Romanos 8:30; 11:7; Efesios 1:10-11), por su palabra y Espíritu (2ª Tesalonicenses 2:13-14; 2ª Corintios 3:3-6), fuera del estado de pecado y muerte en que están por naturaleza, a la gracia y salvación por Jesucristo (Romanos 8:2; 2ª Timoteo 1:9-10; Efesios 2:1-5); iluminando espiritual y salvíficamente su entendimiento, a fin de que comprendan las cosas de Dios (Hechos 26:18; 1ª Corintios 2:10-12; Efesios 1:17-18); quitándoles el corazón de piedra y dándoles uno de carne (Ezequiel 36:26); renovando sus voluntades y por su potencia todopoderosa, induciéndoles hacia aquello que es bueno (Ezequiel 11:19; Filipenses 2:13; Deuteronomio 30:6; Ezequiel 36:27), y trayéndoles eficazmente a Jesucristo; (Efesios 1:19; Juan 6:44-45) de tal manera que ellos acuden a ese llamado con absoluta libertad, habiendo recibido por gracia de Dios el impulso y la voluntad de hacerlo (Cantares 1:4; Salmos 110:3; Juan 6:37; Romanos 6:16-18). II. Este llamamiento eficaz es solamente de la libre y especial gracia de Dios y de ninguna otra cosa prevista en el hombre (2ª Timoteo 1:9; Tito 3:4,5; Romanos 9:11; Efesios 2:4-5, 8-9); el cual es en esto enteramente pasivo, hasta que siendo vivificado y renovado por el Espíritu Santo (1ª Corintios 2:14; Romanos 8:7; Efesios 2:5), es capacitado por medio de esto para responder a este llamamiento y para recibir la gracia ofrecida y trasmitida en él (Juan 6:37; Ezequiel 36:27; Juan 5:25)». Wayne Grudem [1948-] en "Teología Sistemática" lo define como el llamado o acción convocante de parte del Rey del universo que actúa "con tal poder que provoca la respuesta deseada en el corazón de las personas". Y pone como ejemplo la historia de Lidia, de la que se dice que *"el Señor abrió el corazón de ella para que estuviese atenta a lo que Pablo decía"* (Hechos 16:14).

una noche; pero fundamentados en la naturaleza inalterable de Dios y la inmutabilidad de su consejo, no pueden
abandonarnos jamás, ya que ni las mismísimas puertas del
infierno prevalecen contra ellos. Los elegidos no pueden
ser arrebatados de las manos de Cristo en modo alguno.[110]
Y con la misma certeza puedo afirmar que David nunca
perdió su pureza original. Es verdad que su conciencia le
acusaba y golpeaba con dureza, como podemos compro-
bar aquí con claridad; y no solo en esta ocasión concreta,
sino también en otros casos de menor importancia; pero
no cabe afirmar que su corazón había quedado vacío por
completo de pureza. Pues de haber sido así no hubiera
orado implorándola. No hay duda que debido a sus graves
pecados su alma se sentía llena de inmundicia. Pero así
como un árbol puede llegar a perder la mayor parte de sus
hojas y buena parte de sus ramas a causa de un vendaval,
no cesa por ello en sus funciones vitales; así también el
ímpetu de las pasiones y la multitud de pecados saturan el
alma, haciendo que el afectado se sienta como si hubiera
perdido toda noción del bien, como si no le quedara ya
nada; y sin embargo, el deseo de la gracia permanece en
él como realidad incuestionable. Es preciso aclarar, por
tanto, que no se trata aquí de que el salmista anhelara un
corazón limpio porque, en sentido absoluto, careciera de
pureza; sino porque a causa a las circunstancias peculiares
que atravesaba, era incapaz de percibir esa pureza por sí
mismo y encontrar en ella el consuelo que había encon-
trado en otras ocasiones, lo cual potenciaba aún más la
intensidad de su deseo. Por tanto vosotros, ricos que os
tenéis por tan sabios e ilustrados, no creáis que sois tan
ricos ni os consideréis tan sabios, no os valoréis a vosotros

---

[110] Juan 10:17-30.

mismos en demasía; porque pronto va a salir el Sol. Y cuando la luz del sol resplandece, la Luna queda opaca, y su luz se extingue.

GEORGE ESTEY [1560-1601]
"Certain Godly and learned Expositions upon divers parts of Scripture: An Exposition upon the 51 Psalm", 1603

Crea en mí, oh Dios, un corazón limpio. Esta *"creación"* que pide el salmista es una creación a partir de la nada. David usa en este texto el mismo verbo hebreo que utiliza Moisés en Génesis para describir la creación de cielos y tierra cuando nada existía.[111] Nuestra creación *"en Jesucristo"* no es un mero fortalecimiento de nuestras capacidades; no es un suplemento, una escueta adición a nuestra debilidad natural a través del poder de la gracia divina; no es una simple rectificación o mejora de nuestros hábitos morales. No, se trata de una nueva creación, una creación de la nada; de algo nuevo que surge donde nada había y viene a existir donde nada existía; de algo que ahora poseemos y que antes no poseíamos, puesto que no había en nosotros de dónde sacarlo. Nuestra naturaleza era degenerada, corrupta, muerta en sus delitos y pecados; y lo que está muerto no vuelve a la vida, a menos que se le infunda aquello que no posee. Lo que está corrompido no es sano ni fiable por sí mismo, debe ser desechado y reemplazado por algo completamente nuevo: *"¿Quién de la inmundicia puede sacar pureza? ¡No hay nadie que pueda hacerlo!"*.[112] El *"viejo hombre"* no se transforma en *"un*

---

[111] En hebreo: לֵב טָהוֹר בְּרָא־לִי *lêḇ ṭāhōwr bərā-lî*, de בָּרָא *bârâ* "crear algo nuevo que no existía".

[112] Job 14:4, NVI.

nuevo hombre", sino que es *"desechado"*.[113] La vieja vida de pecado no es plataforma adecuada para la nueva vida en santidad, más bien constituye para ella un obstáculo. El *"viejo hombre"* debe ser *"desechado"* y *"reemplazado"* por algo completamente nuevo, el *"nuevo hombre"* creado en Cristo Jesús.[114]

EDWARD BOUVIERE PUSEY [1800-1882]
"A sermon, preached before the university, in the Cathedral church of Christ, in Oxford, on the second Sunday after Epiphany", 1853

Y renueva la firmeza de mi espíritu [NVI]. Esto es, una mente estable y constante a la hora de seguir por la senda del deber.[115]

WILLIAM FRENCH [1786-1849] Y
GEORGE SKINNER [1784-1871]
"The Book of Psalms from the Original Hebrew: Translation with Explanatory Notes", 1842

Vers. 10-12. ¿Y quién se supone que puede y tiene que llevar a cabo en él todas esas cosas que el salmista pide en estos versículos? Ciertamente, no *por sí mismo;*

---

[113] Colosenses 3:5-11.

[114] Romanos 6:6; Efesios 4:22; Colosenses 3:9-10.

[115] Dice al respecto JOSÉ Mª MARTÍNEZ [1924-2016] en "Salmos Escogidos": «La nueva creación en el interior del creyente debe ser consolidada para que sus beneficios se mantengan. Y a este respecto es iluminadora la segunda petición del v. 10. La mayoría de versiones modernas lo traducen así: *"Renueva un espíritu firme dentro de mí".* El espíritu de David se había mostrado débil, poco estable; por eso fue arrastrado por el empuje de la tentación. Lo que ahora pide a Dios es una firmeza interior que le permita perseverar en una vida de rectitud».

únicamente Dios puede hacerlo. Esta es la razón por la que ora tan fervientemente diciendo: *"Crea en mí, oh Dios, (...) renueva en mí, Señor, (...) y sostenlo con tu santo Espíritu".*

ADAM CLARKE [1760-1832]
"Commentary on the Whole Bible", 1831

Vers. 11. *No me eches de delante de ti, y no quites de mí tu santo Espíritu.* *[No me eches de delante de ti, y no retires de mí tu santo Espíritu.* RVR] *[No me alejes de tu presencia ni me quites tu santo Espíritu.* NVI] *[No me eches de tu presencia, y no quites de mí tu santo Espíritu.* LBLA]

No me alejes de tu presencia. «No me deseches como un trasto inútil; no me expulses, como a Caín de delante de ti;[116] no me prives de tu rostro y de tu favor.[117] Déjame ser parte de la comunión de aquellos que participan de tu amor, aunque sea tan solo como un humilde y sufrido guardián de la puerta.[118] Sé que merezco que me sea negada la entrada a tus atrios para siempre; pero, oh buen Señor, mantenme este privilegio, para mi tan valioso como la vida misma».

Y no quites de mí tu santo Espíritu. «No me retires sus consuelos, sus consejos, auxilios y avivamientos; puesto que si lo haces, soy hombre muerto. No me abandones, como hiciste con Saúl cuando ni a través del Urim, ni por

---

[116] Génesis 4:9-16.
[117] Salmo 27:9; 69:17.
[118] Salmo 84:10.

medio de profeta, ni por sueños, te dignaste a contestarle.[119] El Espíritu es mi fuente de sabiduría, no me dejes desamparado y abandonado a mi propia insensatez; él es mi fuerza, oh, no me prives de él, dejándome al antojo de mi propia debilidad. No me alejes de ti, ni te apartes de mí. Mantén entre nosotros este lazo que nos une, y que es mi única esperanza de salvación. Sé que resulta asombroso que un espíritu tan puro se digne a morar en un corazón tan bajo y tan vil como es el mío; pero Señor, todo tú eres admirable; haz pues lo que te pido en honor a tu misericordia. Encarecidamente te lo suplico».

C. H. SPURGEON

No me alejes de tu presencia. En los versículos anteriores, David se lamenta de que el pecado le haya herido de muerte convirtiéndole en un cadáver viviente, falto de corazón o espíritu revitalizador. Y ahora, como consecuencia, teme que el Señor le aborrezca y se aparte de él, alejándole de su presencia como de algo muerto y abominable; con el mismo rechazo que sienten los vivos hacia los muertos apartándose de sus despojos. El salmista experimenta en carne propia una de las más graves consecuencias y justos castigos del pecado: expulsa al hombre de la presencia de Dios alejándole de él. Y nos advierte sobre lo tentadores que resultan los placeres del pecado, capaces de precipitar al ser humano a ceder irremisiblemente a cambio del goce temporal del rostro de otra criatura, al riesgo de privarse a sí mismo del disfrute eterno de la faz consoladora del Creador. Así fue en el caso de David; por el amor carnal de Betsabé, se expuso al riesgo

---

[119] 1ª Samuel 16:13-14; 28:6.

de ser excluido eternamente de la presencia del Señor su Dios. Si los hombres fuéramos capaces de asumir esto; de mantenerlo presente cuando enfrentamos las tentaciones de Satanás; y si antes de ceder a ellas hiciéramos una mejor valoración de lo que el Engañador ofrece, cuál es el fin que persigue, y cuánto arriesgamos en ello; seríamos mucho más cautos a la hora de ceder a sus insinuaciones; y lo más probable es que acabaríamos replicándole como apóstol a Simón el Mago: *"Tu dinero perezca contigo"*,[120] es decir, tus propuestas, tus beneficios, tus placeres, tu gloria, y todo aquello que puedas ofrecerme a cambio de ofender al Señor mi Dios, vayan contigo a la perdición. Pues, ¿qué tienes para ofrecerme, y que sea, no ya equivalente sino comparable, a lo que tratas de quitarme?

También es importante destacar y analizar adecuadamente su petición: *"No me alejes de tu presencia"*, puesto que da pie a una interesante pregunta: ¿Cabe esa posibilidad, que Dios se aleje del hombre? O dicho en otras palabras, ¿que el hombre pueda alejarse o ser alejado de la presencia de Dios? ¿Acaso no afirma en otro pasaje: "¿Adónde me iré lejos de tu espíritu?"?

¿Y adónde huiré de tu presencia?".[121] La respuesta es bastante simple, si distinguimos adecuadamente las dos facetas de la presencia divina: Hay por un lado una presencia de misericordia con la que renueva y conforta a los que son suyos, y de la cual aquellos que están ya en el cielo disfrutan eternamente y sin interrupción; y por otro lado una presencia de ira, con la que atormenta eternamente a los condenados en el infierno. Entre los que todavía habitamos en la tierra, hay ciertamente muchos a quienes

---

[120] Hechos 8:20.
[121] Salmo 139:7.

Dios mira con agravio; pero dado que no contemplan directamente todavía su faz iracunda, la pasan por alto y se dejan arrastrar por los placeres temporales propios de la criatura humana, que sin duda les fallarán. También hay otros muchos a quienes Dios contempla, en Cristo, como un padre amante; pero que tristemente, tampoco son capaces de ver su rostro de misericordia debido a que se les interponen multitud de velos; y en consecuencia, no lo echan de menos. Pero para aquellos que en algún momento de su existencia han disfrutado de la dulzura de la presencia de Dios, que han contemplado abiertamente su rostro amoroso y complaciente; cuando dejan de contemplarlo súbitamente, el desasosiego que les invade y el anhelo que sienten de disfrutar nuevamente de él, les resulta tan pavoroso como la muerte misma.

WILLIAM COWPER [1731-1800]
"Good News from Canaan; or, An Exposition on the 51 Psalm", 1629

No me alejes de tu presencia. Como el leproso, que era apartado y alejado de la sociedad hasta que era declarado limpio de nuevo;[122] o como el rey Saúl, que fue desechado para reinar porque no había obedecido a las palabras de Dios,[123] David sentía que su trasgresión era merecedora de un rechazo semejante.

WILLIAM WILSON [1783-1873]
"The Book of Psalms: With an Exposition, Evangelical, Typical, and Prophetical, of the Christian Dispensation", 1860

No me alejes de tu presencia. ¡Señor, a pesar de que yo, oh miserable de mí, me he alejado de ti, no te alejes

---

[122] Levítico 13:1-17
[123] 1ª Samuel 15:23.

tú de mí! ¡No escondas tu rostro de mí, a pesar de que yo en tantas ocasiones haya rehuido mirar el tuyo! ¡No me niegues tu ayuda ni me abandones dejando que perezca en mis delitos y pecados, a pesar de que haya sido yo quien te abandonó primero!

FRAY THOMÉ DE JESÚS [1529-1582]
"Trabalhos de Jesus", 1606
citado por Spurgeon en su edición inglesa titulada
"The Sufferings of Jesus", 1869

Y no quites de mí tu santo Espíritu. Por sus propias palabras y la forma en que el salmista se expresa en este versículo, se desprende que el Espíritu no le había sido retirado totalmente, pese a que la mayor parte de sus dones le resultaran ocultos u oscurecidos temporalmente (...) Había llegado al punto extremo de caer en el sopor o letargo de la muerte, pero no había sido *"entregado a una mente depravada"*[124]. De hecho, resulta difícil aceptar que la acusación y reproche del profeta Natán, por dura que fuera, hubiera logrado despertarle y provocar en él una reacción positiva tan radical y con tanta facilidad, de no haber sido porque aún quedada viva y permanecía dentro de él una débil llama de santidad[125] (...)Y si insistimos

---

[124] Romanos 1:28.

[125] Así lo entiende también AGUSTÍN DE HIPONA [353-429]: «El Espíritu Santo es quien provoca en el pecador el reconocimiento y confesión del pecado. Si en un momento determinado el penitente muestra su rechazo hacia el pecado cometido, es porque el Espíritu Santo ha hecho en él su labor y ha tomado nuevamente su dominio. Los espíritus inmundos se sienten felices viviendo en medio del pecado, pero al Espíritu Santo no lo soportan, les desagrada (...) El rechazo y desagrado hacia el pecado por parte del pecador no

en este punto en particular, es debido a que se trata de una verdad de suma importancia, ya que no son pocos los eruditos que se han dejado arrastrar de manera irreflexiva por la opinión de que los elegidos, al caer en pecado mortal, pueden perder completamente el Espíritu y verse alienados de Dios. El apóstol Pedro afirma clara y enfáticamente lo contrario, diciéndonos que la palabra por la cual somos nacidos de nuevo es de una simiente incorruptible;[126] y Juan es igual de explícito al informarnos que los elegidos son preservados por entero.[127] A pesar de que circunstancialmente pueda dar la impresión de que Dios los ha alejado de su presencia, a la larga, se demuestra que la gracia ha permanecido en el interior de sus pechos en todo momento, incluso durante este intervalo ocasional en el que parecía haber quedado extinta.[128] El argumento de que David se expresa aquí como si temiera verse privado

---

tendría lugar, si el Espíritu Santo que sigue habitando en él lo provocara. Por ello el salmista no dice: "Mándame el Espíritu", sino "No me lo quites": *"No quites de mí tu Santo Espíritu"*».

[126] 1ª Pedro 1:23.

[127] 1ª Juan 3:9.

[128] En tiempos del Antiguo Testamento, la concesión del Espíritu era un don reservado a ciertas personas por razones concretas; a partir de Pentecostés el don fue extendido a todos los creyentes, de forma que el Espíritu mora permanentemente en su interior (Hechos 2:17; Romanos 8:9-11). El Espíritu no puede *"perderse"* ni es retirado del creyente en sentido absoluto (Filipenses 1:6); pero sí puede ser *"contristado"* y temporalmente *"apagada"* su plenitud en nosotros (Efesios 4:30; 1ª Tesalonicenses 5:19), mermando nuestra percepción de su presencia y con ello nuestro gozo y alegría; a la vez que limitando nuestra capacidad para la proclamación del mensaje a otros y para la alabanza (1ª Corintios 9:27). En este sentido hay una clara correlación entre los versículos 11-14: *"No retires de mí tu Santo Espíritu"* (11); *"devuélveme el gozo"* (12); *"entonces*

por completo del Espíritu, carece de toda fuerza. Es natural que los creyentes una vez han caído en pecado, y con ello hecho de su parte lo posible para ahuyentar la gracia de Dios, caigan víctimas de un estado de ansiedad; pero su deber es agarrarse a la verdad de que la gracia es la semilla incorruptible de Dios, y por tanto, no puede perecer jamás en ningún corazón en el que haya sido depositada. Y ese es, precisamente, el sentimiento que refleja David en este pasaje. Al reflexionar acerca de su ofensa se agita por causa del temor que ello le provoca; pero descansa en la certeza de que siendo un hijo de Dios, no se verá privado de aquello que, ciertamente, había arriesgado y perdido el derecho incumpliendo su parte de compromiso.

JUAN CALVINO [1509-1564]

Vers. 12. Vuélveme el gozo de tu salvación, y espíritu noble me sustente. *[Devuélveme el gozo de tu salvación, y en espíritu de nobleza afiánzame.* RVR] *[Devuélveme la alegría de tu salvación; que un espíritu obediente me sostenga.* NVI] *[Restitúyeme el gozo de tu salvación, y sostenme con un espíritu de poder.* LBLA] *[Restaura en mi el gozo tu salvación, y que un espíritu libre me sostenga.* KJV]

Devuélveme el gozo de tu salvación. El salmista había experimentado la salvación, y la había experimentado como propia del Señor; como también había sentido el gozo que emerge de sentirse salvo. Pero había perdido

---

enseñaré" (13); *"cantará mi lengua"* (14); *"y publicará mi boca tu alabanza"* (15).

ambas cosas durante un tiempo, y en consecuencia, anhelaba su restauración. Nadie, excepto Dios, podía devolverle este gozo. Dios sí tiene facultad para hacerlo, y por tanto, podemos pedírselo. Y lo hará; para su propia gloria y para nuestro beneficio. Con todo, es preciso tener en cuenta que este gozo no es algo que regresa de inmediato, sino que viene detrás del perdón y la pureza. En este orden, el gozo es algo efectivo, seguro y garantizado; en cualquier otro orden, no es más que vana presunción y sueño delirante.

Y que un espíritu obediente me sostenga. Conocedor de su debilidad y consciente de haber caído tan fácilmente, David busca un poder superior al suyo que le sostenga y afiance sus pies. El Espíritu de realeza, cuya santidad es dignidad verdadera, es capaz de hacer que andemos como reyes y sacerdotes,[129] en toda la rectitud y justicia de la santidad; y lo hará, solo con que nosotros busquemos su apoyo benevolente. Lo que no implica que su influencia vaya a esclavizarnos, sino todo lo contrario, nos emancipa; porque la santidad es libertad, y el Espíritu Santo es un espíritu de libertad.[130] La idea aquí no es la de un espíritu sumiso y resignado, sino la de un espíritu dispuesto. Contando con semejante Guardián y nuestra disposición a seguir sus consejos, podemos considerarnos seguros aun en los caminos más turbulentos y peligrosos; puesto que cuando nos quedamos solos y abandonados a nuestra suerte, tropezamos incluso en las veredas más llanas. La doble petición de este versículo concuerda perfectamente gozo y sostenimiento. Puesto que si nuestro pie no se siente seguro y protegido, pronto se nos acabará el gozo; y a su vez el gozo es una fuente importante de sostenimiento,

---

[129] 1ª Pedro 2:9-11.
[130] 2ª Corintios 3:17.

de fortaleza, de soporte, y de gran ayuda para alcanzar la santidad. El espíritu noble, de libertad, real y poderoso, es la base y equilibrio de ambas cosas.

C. H. SPURGEON

Devuélveme. Quien ha extraviado el justificante de pago de una deuda saldada, siente un gran alivio al recordar que la persona con la que cerró el trato es una persona buena y justa, que hará honor a su palabra aunque él no pueda aportar físicamente el comprobante de pago. Y siendo así, ¿dudas de que el Dios con quien mantienes tus tratos sea un Dios de justicia, y que reemplazará aquello que te concedió y acordó contigo (la evidencia de tu gracia) aunque lo hayas perdido? David no dudó un instante, lo suplicó y lo consiguió. "Sí –te dice la fe–, recuerda que, aunque fuera cierto lo que tanto temes, la gracia en ti nunca fue genuina; en el corazón de Dios hay misericordia suficiente para perdonar toda tu anterior hipocresía, siempre y cuando acudas de nuevo él con absoluta sinceridad de corazón". Sobre esta base la fe persuade al alma para que se aventure a arrojarse en los brazos de Dios en Cristo. "¿Esperas encontrar en Dios –razona la fe– un nivel de misericordia inferior al que te cabría esperar de un ser humano?" Perdonar errores, infidelidades y falsedades es algo que entra en los límites de la misericordia humana, cuando el culpable acude con humildad, reconoce y admite con sinceridad sus errores. Y aunque el mundo en el cual vivimos no sea ejemplo de bondad, abundan en él personas buenas que actúan de esta forma: padres con sus hijos, patronos con sus empleados. ¿Y crees que a Dios le será difícil hacer lo que muchas de sus criaturas? La fe vindica sobre esta base el nombre de Dios y acude a él. Mientras no pierdas de vista la realidad del corazón misericordioso de Dios, ten por seguro que tu cabeza se mantendrá a flote por encima del agua, aun cuando te falte la evidencia de tu gracia.

WILLIAM GURNALL [1617-1679]
"Christian in complete armour, or, a treatise of the saints war against the Devil", 1655

Devuélveme el gozo de tu salvación. ¿Cómo puede Dios devolver algo que no ha quitado? ¿Acaso puedo acusar a Dios de haberme sustraído el gozo de su salvación? ¡Oh no, Dios de gracia, en modo alguno te acuso a ti de habérmelo quitado! ¡Me acuso a mí mismo de haberlo perdido! La condición humana en la que vivimos sumidos de continuo, miserables desdichados, es tan precaria que si Dios se limitara a devolvernos únicamente aquello que se supone era nuestro, y por tanto susceptible de poder quitarnos, estaríamos totalmente en falso, y nuestra ruina sería tan inminente como repentina e inevitable. Entonces, ¿qué es eso que con tanto anhelo le pido que me devuelva? ¿Y qué gano con que me lo devuelva? Y una vez me lo haya devuelto, ¿qué garantías tengo de que voy a ser capaz de preservarlo con mayor eficacia de lo que fui anteriormente, cuando ya disfrutaba de ello y lo perdí? Y como se trata de algo en lo que hallo tanto disfrute que vivo temiendo perder, ¿qué gozo puedo hallar si cuanto más disfruto de ello más ansiedad me produce el temor a perderlo? Por tanto, oh Señor, no te limites a devolverme el gozo de tu salvación, concédeme también *un espíritu de poder, un espíritu firme que me sostenga,* de modo que tu restauración me permita gozarlo en plenitud; y tu sostén me permita disfrutarlo en seguridad.

RICHARD BAKER [1568-1645]
"Meditations and Disquisitions upon the Seven Psalmes of David, commonly called the Penitential Psalmes", 1639

Me sostenga. A veces me siento inclinado a pensar que por ser un cristiano firme, que ha vencido reiteradamente los deseos lujuriosos de la carne y desarrollado el hábito de la gracia opuesta,[131] no tengo ya motivos para sentir temor al pecado; y por tanto, puedo aventurarme en los aledaños de la tentación, mucho más cerca que los demás, sin temor alguno. Semejante manera de pensar es una falacia terrible, una mentira funesta de Satanás. Equivale a decir que la pólvora, a base de permanecer cerca del fuego, se inmuniza contra él y adquiere la facultad de resistirlo hasta el punto de que una chispa ya no la afecta. ¡Grave error! Ciertamente, cuando la pólvora está mojada resiste bien la chispa; pero estando seca explota al menor contacto. Y así, en tanto el Espíritu Santo reside en mi corazón me inhabilita para el pecado; de modo que si me veo en la necesidad de atravesar la tentación, puedo contar con que Dios me conducirá al otro lado incólume. Pero en cuanto el Espíritu me deja, soy como pólvora seca. ¡Concédeme pues, oh Señor, un sentimiento claro y firme de esta realidad!

ROBERT MURRAY M'CHEYNE [1813-1843]

Y que un espíritu obediente me sostenga. Cuando un bebé comienza a dar sus primeros pasos, su madre amorosa escoge cuidadosamente el lugar apropiado y el momento oportuno para dejar que tropiece y caiga con seguridad. Sabe que el niño está aprendiendo a caminar, que en cuanto lo consiga se excederá en su confianza, se lanzará a correr, y se caerá; y que si esto ocurre en lugar

---

[131] Se entiende por *"hábito de la gracia opuesta"* el desarrollo de un sentimiento interior de oposición instintiva al pecado, unido a la capacidad de rechazo consciente y voluntario de las tentaciones.

peligroso, la caída puede traer graves consecuencias. Pero sabe también, por otro lado, que es bueno y necesario que caiga, pues forma parte de su aprendizaje. En consecuencia trata que la caída sea en lugar adecuado y de forma apropiada, evitando que se cause a sí mismo excesivos daños, a lo más unos leves rasguños didácticos y saludables, pero no peligrosos. Porque una vez ha tropezado y aprendido que puede caerse, pierde su confianza inicial y se agarra con más fuerza y asiduidad al brazo fuerte de su madre, que le sostiene amorosa guiándole adecuadamente en sus primeros pasos. Así fue también con David en su calidad de hijo de Dios. Se lanzó y cayó estrepitosamente; y fue una caída grave, pues hubo fractura de huesos; pero aún y así fue una lección provechosa, puesto que perdió la confianza exagerada que tenía en sí mismo; y ahora vemos que su seguridad ya no está en un brazo de carne,[132] sino que pide *"un espíritu de poder"* que le sostenga.

THOMAS ALEXANDER
"The Penitent's Prayer: a Practical Exposition of the Fifty-first Psalm", 1861

Y que un espíritu libre[133] *me sostenga* (KJV). Esto es, no permitas que sea de nuevo esclavizado, como lo he sido por mis pasiones pecaminosas.

HENRY DIMOCK [¿?-1810]
"Notes critical and explanatory on the Books of Psalms and Proverbs, intended to correct the grammatical errors of the text from the collations of the manuscripts", 1791

---

[132] Salmo 146:3; Isaías 22:2: Jeremías 17:5.

[133] En hebreo: נְדִיבָה *nəḏîḇāh* de נָדִיב *nâdîyb*, "voluntarioso, generoso, dispuesto, noble". Al respecto dice JOSÉ Mª MARTÍNEZ [1924-2016] en "Salmos Escogidos": «El calificativo *nadib*, traducido por *"noble"*, significa también *"generoso"* o *"voluntario"*. Este último

Vers. 13. *Entonces enseñaré a los transgresores tus caminos, y los pecadores se convertirán a ti.* *[Entonces enseñaré a los transgresores tus caminos, y los pecadores se convertirán a ti.* RVR] *[Así enseñaré a los transgresores tus caminos, y los pecadores se volverán a ti.* NVI] *[Entonces enseñaré a los transgresores tus caminos, y los pecadores se convertirán a ti.* LBLA]

Entonces enseñaré a los transgresores tus caminos. David había tomado la firme determinación de convertirse en maestro y guía de otros. Y ciertamente, nadie está mejor posicionado y capacitado para enseñar a otros que aquel que ha experimentado en su propia vida la enseñanza y corrección de Dios.[134] Cuando los cazadores

---

término es el que aparece en muchas versiones. El verbo entraña la idea de ofrecer u ofrecerse voluntariamente. Con toda seguridad este era el deseo del David penitente, ofrecerse a Dios con ánimo pronto para volver a servirle. Si en un momento dado su voluntad débil había optado por el pecado, ahora su voluntad purificada le movía a una renovada consagración. Esto también contribuiría a la recuperación que deseaba. La experiencia de salvación que tiene su génesis en el perdón, halla en el servicio voluntario y gozoso a Dios su consumación».

[134] Dice al respecto Agustín de Hipona [353-429]: «"Enseñaré a los transgresores tus caminos". Esto es, yo, que una vez fui transgresor, pero ahora arrepentido; instruido por el Espíritu Santo, del cual por gracia y misericordia de Dios no me he visto privado; y sustentado por un espíritu firme; ahora, enseñaré a otros transgresores tus caminos». Y José Mª Martínez [1924-2016] en "Salmos Escogidos" dice: «En el original hebreo no aparece el adverbio "entonces". Lo que en el mismo se expresa es una continuación lógica de la restauración espiritual pedida en los versículos anteriores. El creyente que ha sido favorecido con el perdón de Dios, con

furtivos se arrepienten y cambian de actitud, se convierten en los mejores guardabosques, porque conocen todos los trucos y tretas. Huntington[135] añadía siempre detrás de su nombre las siglas «S.S.». (*"Sinner Saved"*, "pecador redimido"), mucho más acreditativas, útiles y necesarias para un evangelista ganador de almas, que las de «M.A.» (Maestro en Artes) o «D.D.» (Doctor en Divinidades).

Para el predicador, sentirse perdonado es lo más importante, porque implica que ha pasado por la escuela de la experiencia; y por tanto, su predicación será mucho más convincente, puesto que hablará con empatía, sintiéndose destinatario y partícipe a la vez de aquello que está comunicando a los demás. Ciertamente, la audiencia elegida aquí por el Salmista es digna de especial mención: decide enseñar a sus compañeros, a los transgresores, como él mismo. Podemos obviar a otros, pero «sentirse compañero crea un lazo de simpatía»[136]. Aquel que debido a su propia experiencia se siente indigno de edificar a los santos, no sentirá reparo a la hora de relacionarse y

---

su acción renovadora y con el gozo de la salvación restaurado no puede por menos que anunciar a otros la grandeza de la misericordia divina. La impresión que tal experiencia produce busca expresión (Hechos 4:20). Así el salmista se convertiría en evangelista; el penitente, en predicador».

[135] Se refiere al famoso predicador, evangelista y escritor cristiano WILLIAM HUNTINGTON, S.S. [1745-1813], aut or de casi un centenar de obras que han subsistido hasta nuestros días y uno de los escritores religiosos ingleses más leídos después de JOHN BUNYAN [1623-1688].

[136] La frase entera es una cita bien conocida del famoso actor inglés DAVID GARRICK [1717-1779] *"a fellow feeling makes a wondrous kind"*; que también puede traducirse como "un sentimiento compartido genera una actitud amigable".

arrastrarse junto a los pecadores, hablándoles del amor divino con humildad. El testimonio personal, la misericordia divina aplicada al caso concreto de una persona en particular, siempre resulta ser el mejor ejemplo ilustrativo para explicar sus procedimientos poco usuales. Por tanto, nuestra experiencia personal respecto a los *"caminos"* o maneras peculiares de actuar de la gracia divina, es de suma utilidad para lograr que otros alcancen a entender sus vías de acción. Con *"enseñaré a los transgresores tus caminos"*, David se refiere a la parte preceptiva de la Palabra de Dios; la cual habiéndola él quebrantado y sufrido por ello las inevitables y duras consecuencias, consideraba que estaba capacitado y en posición de vindicarla y urgir a otros potenciales ofensores a que la reverenciaran, evitando así que cometieran el mismo error que él había cometido.

Y los pecadores se convertirán a ti. Equivalente a decir: "Mi caída redundará en la restauración de otros. Tú bendecirás mi patético testimonio de tal modo que sirva para recobrar a muchos otros, que como yo, se han desviado por caminos torcidos y deshonestos". No cabe la menor duda de que este Salmo 51, junto con la historia completa de la caída de David, han producido resultados óptimos a lo largo de los siglos en la conversión de muchos transgresores logrando que el mal, una vez vencido, haya redundado en bien.

C. H. Spurgeon

Entonces enseñaré a los transgresores tus caminos. Cuando hemos sido objeto de la misericordia divina, anhelamos hacer partícipes de ello a los demás, aprovechando nuestra experiencia para su edificación. Y en realidad,

hacerlo forma parte de nuestras obligaciones como cristianos. Debemos utilizar todos los dones que hemos recibido
de Dios, en especial la misericordia, que es el mayor y
más valioso de ellos y el Señor espera que saquemos así
el mayor provecho para su gloria y la edificación de nuestros hermanos. Sabiendo que somos vasos de misericordia,[137] hemos de considerar un deber ineludible permitir
que su esencia y dulce perfume, que permanece encerra-
do en nuestro interior, se extienda a los que nos rodean.
Se trata de un deber que Cristo demandó abiertamente de
Pedro diciéndole: *"Y tú, una vez vuelto, confirma a tus
hermanos"*[138]. Y este deber es el que David promete aquí
enseñar, para que sepamos cómo él lo llevó a cabo, según
leemos en otro pasaje: *"Venid, oíd todos los que teméis
a Dios, y os contaré lo que ha hecho a mi alma"*[139]. La
cualidad esencial del verdadero cristiano es *"fides per
delectionem efficax"*, "fe que se demuestra en el amor".
Pues, ¿qué valor tiene pretender mostrar nuestra fe a Dios,
cuando somos incapaces de mostrar amor a nuestro her-
mano? ¿Y qué puede demostrar mejor nuestro amor y
gratitud que llevar a nuestro prójimo a participar de los
mismos méritos de los que Dios nos ha hecho partícipes?
La ley mosaica obligaba a todo aquel que encontrara a
un animal propiedad de su vecino extraviado, a recogerlo
y llevárselo de vuelta hasta su casa;[140] ¡Cuánto más nos
obliga a conducir a nuestro prójimo que deambula alejado
del Señor su Dios! Si dos hombres que anduvieran por
el mismo camino cayeran en un mismo pozo y uno de
ellos lograra liberarse, y sintiéndose libre prosiguiera su

---

[137] Romanos 9:23.
[138] Lucas 22:32.
[139] Salmo 66:16.
[140] Deuteronomio 22:1-3.

camino olvidándose de su compañero y abandonándolo en el pozo, ¿no calificaríamos esto de monstruosidad, algo inhumano? Habiendo caído todos en un mismo lodazal de iniquidad, y habiéndonos tendido el Señor su mano, tirando de nosotros y sacándonos de semejante prisión de pecado, ¿seremos capaces de no tender la nuestra para intentar, de algún modo, arrancar del mismo a alguno de nuestros hermanos?

WILLIAM COWPER [1731-1800]
"Good News from Canaan; or, An Exposition on the 51 Psalm", 1629

Vers. 14. *Líbrame de homicidios, oh Dios, Dios de mi salvación; cantará mi lengua tu justicia. Líbrame de la sangre derramada, oh Dios, Dios de mi salvación; y cantará mi lengua tu justicia.* RVR*] [Dios mío, Dios de mi salvación, líbrame de derramar sangre, y mi lengua alabará tu justicia.* NVI*]. [Líbrame de delitos de sangre, oh Dios, Dios de mi salvación; entonces mi lengua cantará con gozo tu justicia.* LBLA*]*

Líbrame de homicidios. David sabía que él había sido la causa de la muerte de Urías heteo,[141] un súbdito suyo fiel y leal, y por tanto confiesa el hecho abiertamente. Sabía además que su pecado de adulterio era también una ofensa capital, y en consecuencia, admite que es digno de muerte. Los penitentes sinceros no tratan de buscar frases elegantes para confesar sus pecados, van directos al grano

---

[141] 2ª Samuel 11:14-17.

y llaman al pan, pan y al vino, vino.[142] Nada tiene de extraño, por tanto, que David saque fuera todo lo que lleva dentro del pecho. Pues ¿hay un planteamiento más lógico cuando se trata de negociar con el Omnisciente?

Oh Dios, Dios de mi salvación. Hasta ahora no se había atrevido a utilizar esta expresión tan íntima y familiar, no había osado aproximarse tanto, a llegar tan cerca. Previo al versículo catorce se limita a decir tan solo: *"¡Oh Dios!"*, pero ahora exclama abiertamente: *"Dios de mi salvación"*. Con el ejercicio de la oración, la fe crece y aumenta progresivamente. En este versículo confiesa su pecado con mayor claridad; y, como consecuencia, se dirige a Dios con mayor confianza. Elevarnos por un lado mientras tocamos fondo y rascamos nuestras miserias por el otro, es perfectamente compatible. Nadie, aparte del Rey, puede condonar la pena capital; por tanto, es un gozo para la fe que Dios sea el Rey, y a la vez el autor y consumador de nuestra salvación,[143]

Y mi lengua cantará tu justicia. Cabría esperar que hubiera dicho: *"Y mi lengua cantará tu misericordia"*. Pero David vislumbra ya el camino divino de la justicia imputada de Dios, de la que Pablo hablaría siglos más tarde[144] y por la cual los impíos son justificados. Y promete

---

[142] Llamar a las cosas lo que son, por su nombre. Spurgeon utiliza aquí la frase popular inglesa *"call a spade spade"*, recogida en la cita de OSCAR WILDE [1854-1900]: *"The man who could call a spade a spade should be compelled to use one. It is the only thing he is fit for"*, "El hombre que puede llamar a un azadón, azadón, debería usar uno. Es la única cosa de la que es digno". Para mayor fluidez en la traducción la hemos sustituido por *"al pan, pan y al vino, vino"*.
[143] Hebreos 12:2.
[144] Romanos 3:21-26; 4:1-5, 22-25.

cantar sobre ella; sí, entonar vigorosamente y con gozo un cántico acerca de este maravillosa vía de misericordia basada en la justicia. Ya que, después de todo, es la justicia de la divina misericordia la que emerge como su más destacada maravilla. Fijémonos bien cómo David en el versículo anterior se ofrece para predicar, y ahora se ofrece de nuevo para cantar. Nunca haremos lo bastante para el Señor, a quien debemos todo y por encima todo. Si pudiéramos ejercer como predicadores, directores de música, cantores, instrumentistas, porteros, arregladores de bancos, limpiadores de pies, todo a la vez; ni aun con ello bastaría para mostrarle nuestra gratitud. Un gran pecador perdonado da pie a un magnífico cantante. El pecado tiene una voz potente y sonora, y así debe ser nuestra acción de gracias. Si hemos sido salvos no cantaremos alabanzas a nosotros mismos; nuestro tema será: *el Señor nuestra justicia,* por cuyos méritos venimos a ser hechos justos y aceptos.[145]

C. H. SPURGEON

Líbrame de sangres. El término hebreo מִדָּמִים *middāmîm* de דָּם *dam,* y que algunas versiones traducen por *"sangres"* se aplica a cualquier crimen capital. En mi opinión, el salmista hace alusión aquí a la sentencia de muerte de la que se sentía reo y de la cual implora liberación.

JUAN CALVINO [1509-1564]

---

[145] Efesios 2:4-9.

Líbrame de homicidios. La versión caldea traduce:
"Líbrame del juicio de asesinato".

C. H. SPURGEON

Oh Dios, Dios de mi salvación.[146] La expresión *"Oh Dios"* es una eficaz invocación; pero el salmista puntualiza con un doble objeto: ante todo, para distinguir al Dios verdadero de todos los demás dioses falsos, magnificando su nombre y reforzando con ello su petición, añade: *"Deum salutis"*, "Dios de salvación"; ello expresa su reconocimiento de la capacidad divina para liberarle; porque siente que forma parte de la propia naturaleza divina, de su amor y de su gloria, preservar a los hombres. Pero a fin de traer mayor gozo y consuelo a su corazón, añade *"meae"*, "mía": *"Dios, Dios de salvación mía"*. He aquí lo que cabe definir propiamente como una *"oratio fervens"*, una "oración ferviente"; y el apóstol nos dice que tales oraciones prevalecen delante de Dios. Pues que Dios sea un Dios salvador y liberador, no es garantía de que su mano salvadora se extienda hasta nosotros, su diestra puede fácilmente ignorarnos y pasar de largo. La misericordia de Dios no nos sirve de consuelo a menos que podamos aplicárnosla personalmente y hacerla nuestra, de lo contrario nos puede suceder que *"nos acordemos de Dios y nos sintamos turbados"*.[147]

SAMUEL PAGE [1574-1630]
"David's Broken Heart; or, an Exposition upon the whole Fifty-one Psalm", 1646

---

[146] En hebreo אֱלֹהִים אֱלֹהֵי תְּשׁוּעָתִי *'ĕlôhîm 'ĕlōhê təšū'ātî*. La Versión griega de los LXX o *Septuaginta* lee: θεός ὁ θεός ὁ σωτηρία ἐγώ y la *Vulgata* traduce: *"Deus, Deus salutis meae"*, "Dios, Dios, salvación mía".
[147] Salmo 77:3, LBLA.

Y mi lengua cantará en voz alta tu justicia. Jerónimo,[148] Basilio,[149] Eutimio[150] y otros grandes doctores de la Iglesia sugieren en sus comentarios que sus corrupciones naturales y sus pecados, formaban alrededor del salmista un clamor creciente que acorralaba y apagaba su voz, cual dique sonoro que cortaba el paso a la fluidez de su cántico. Ello parece desprenderse de su petición en el versículo siguiente: *"abre mis labios"* (51:15). Este es el motivo por el cual, antes de proseguir con su cántico, implora ser liberado de tales impedimentos y obstáculos, y exponiendo claramente su propuesta: *"Líbrame de delitos de sangre,*

---

[148] Se refiere a JERÓNIMO DE ESTRIDÓN o EUSEBIO HIERÓNIMO DE ESTRIDÓN [c.342-420], nacido en Dalmacia, más conocido como SAN JERÓNIMO, Padre de la Iglesia, uno de los cuatro grandes Padres Latinos. Gran conocedor del griego y el hebreo y gran latinista, tradujo la Biblia del griego y el hebreo al latín, traducción conocida como la *Vulgata* (del latín *"vulgo"*, "pueblo"; *"vulgata editio"*, "edición para el pueblo"), que fue hasta la promulgación de la Neovulgata en 1979, el texto bíblico oficial de la Iglesia católica romana. Afirmó que las Epístolas de Pablo contienen la quintaesencia del mensaje del Evangelio.

[149] Se refiere a BASILIO DE CESAREA [329-379], conocido también como Basilio Magno o Basilio el Grande, obispo de Cesarea de Capadocia y uno de los cuatro Padres de la Iglesia Griega. Brillante orador y teólogo, se enfrentó abiertamente al emperador bizantino VALENTE [328-378], que reinaba en esa época en Constantinopla y que profesaba el arrianismo, queriendo introducirlo en su diócesis. Entre su importante obra escrita, además de sus numerosas cartas (se conservan unas 365) y textos litúrgicos como la excelente exposición *Homilías sobre los Salmos*, destacan su *Hexámeron* sobre Dios Creador, su *Tratado sobre el Espíritu Santo* y sus libros apologéticos contra el arriano Eunomio.

[150] Se refiere a EUTIMIO EL GRANDE [377-473], abad de Palestina.

oh Dios, y mi lengua cantará en voz alta tu justicia"[151].
Se sentía rodeado por múltiples voces que clamaban en su
contra, pregonando a voz en grito su ingratitud, su adulterio y su homicidio; voces atronadoras que reclamaban
ante Dios venganza. Y se declara impotente para acallar-
las, razón por la se queda mudo, incapaz de articular palabra; hasta que Dios, en un acto de sin igual misericordia
acalla el clamor, silencia todas las voces que le acusan, y
le concede a él la palabra dejando que exprese sus sentimientos con plena libertad.

JOHN BOYS [1571-1625]
"The Works of John Boys", 1626

Y mi lengua cantará en voz alta tu justicia (KJV). Esta
curiosa expresión hebrea לְשׁוֹנִי תְּרַנֵּן *tərannên ləšōwnî* de
רָנַן *rânan,* que transmite la idea de cantar *"con fuerza"* o
"en voz alta",[152] tiene distintas aplicaciones en referencia
a Dios, al propio salmista, y a la Iglesia:

1. *En referencia a Dios.* A fin de que su honor, al ser
proclamado *en voz alta*, sobresalga por encima de todas
las demás cosas, por lo que probablemente los intérpretes
del salmo se acompañaban de instrumentos musicales so-
noros y estridentes para potenciar aún más ese mensaje.

2. *En referencia al propio salmista.* Al sentirse objeto de tantos y tan grandes beneficios, su alma no logra

---

[151] O en otras palabras: *"Líbrame de delitos de sangre, oh Dios
mío, para que mi lengua pueda cantar en voz alta tu justicia".*
[152] La idea no aparece tan claramente expresada en nuestras versiones españolas. Pero la KJV traduce: *"my tongue shall sing
aloud of thy righteousness".* La Versión Griega de los LXX lee:
ἀγαλλιάομαι ὁ γλῶσσα ἐγώ ὁ δικαιοσύνη σύ y la Vulgata traduce:
"et exultavit lingua mea justitiam tuam".

contenerse y estalla en alegre y sonora alabanza. El vino nuevo de gozo espiritual que llenaba ahora su odre precisaba un orificio de salida.[153] Las pasiones se expresan siempre con fuerza, son muy escandalosas. La ira grita acaloradamente, la tristeza llora con estrépito, el miedo chilla de forma estremecedora, y el gozo canta a voz en grito. El salmista aumenta el volumen de su canto a fin de expresar la intensidad de su afecto y gratitud. Aquel al que le ha sido perdonado mucho, ama mucho.[154]

3. *En referencia a los demás.* "*Hierro con hierro se aguza*"[155]. Nuestro ejemplo siempre produce influencia en aquellos que nos rodean. Y las muestras de celo cristiano, piedad y devoción, causan un fuerte impacto en aquellos que los contemplan. Por tanto, congregarse en la iglesia, compartir los hermanos unos con otros en asambleas públicas y solemnes, por regla general contribuye a mejorar el culto a Dios, pues en ellas, el ejemplo de unos provoca acciones similares en otros.

SAMUEL PAGE [1574-1630]
"David's Broken Heart; or, an Exposition upon the whole Fifty-one Psalm", 1646

Vers. 15. *Señor, abre mis labios, y publicará mi boca tu alabanza.* *[Señor, abre mis labios, y publicará mi boca tu alabanza.* RVR] *[Abre, Señor, mis labios, y mi boca proclamará tu alabanza.* NVI] *[Abre mis labios, oh Señor, para que mi boca anuncie tu alabanza.* LBLA]

---

[153] Marcos 2:22.
[154] Lucas 7:47.
[155] Proverbios 27:17.

Señor, abre mis labios. El salmista se siente tan inseguro que consigna por entero su ser al cuidado de Dios, y teme hablar hasta que Dios desatranque su boca, taponada por la vergüenza. ¡De qué manera tan maravillosa puede el Señor abrir nuestros labios! Y cuando lo hace ¡qué cosas tan divinas podemos proclamar, aún nosotros pobres ignorantes, bajo su inspiración! Esta oración de un penitente es una petición de oro para todo predicador: "Señor, me entrego a ti por entero, por mi propio bien y por el de mis hermanos". Y cuán útil resulta también a todos aquellos cuyos labios tartamudean al tratar de expresar en oración sus sentimientos, por la vergüenza del pecado; pues cuando Dios la escucha y la responde plenamente, incluso la lengua del mudo prorrumpe en cánticos.[156]

Y publicará mi boca tu alabanza. Cuando Dios abre una boca, seguro que es siempre para traer buen fruto. Según sea el guardián de la puerta, así será la naturaleza de lo que salga por los labios de la persona. Cuando los que desatrancan el portón son la vanidad, la ira, la falsedad y la lujuria, por el mismo saldrán a tropel las peores maldades. Pero si es el Espíritu Santo quien abre el postigo, entonces la gracia, la misericordia, la paz, y todas las demás virtudes y frutos que le son propios,[157] desfilan por debajo de su arco en armoniosas danzas, cual las hijas de Israel cuando David regresaba victorioso, mostrando la cabeza del gigante filisteo.[158]

C. H. Spurgeon

---

[156] Dice al respecto José Mª Martínez [1924-2016] en "Salmos Escogidos": «David se anticipa a la enshñanza neotestamentaria relativa al *"sacrificio de alabanza"* (Hebreos 13:15), muy superior a los sacrificios rituales prescritos en el ordenamiento levítico».

[157] Gálatas 5:22-23; Colosenses 3:12-15.

[158] 1ª Samuel 18:6-7.

*Señor, abre mis labios, y publicará mi boca tu alaban-
za.* Así como cada ser humano es un mundo en pequeño
dentro del mundo grande; la lengua es un mundo grande
en pequeño. *"Nihil habet medium; aut grande malum est,
aut grande bonum"* dijo Jerónimo:[159] "La lengua no tiene
término medio, se convierte siempre en el mayor mal, o en
el mayor bien". Si le da por el bien, como dijo Eunapio[160]
hablando de un famoso retórico, puede ser *una biblioteca
andante,* una universidad entera de conocimientos cons-
tructivos; pero si le da por mal, como nos advierte el apóstol Santiago, se convierte en *"un mundo de iniquidad".*[161]
De modo que si pretendemos ser guardianes de la puerta
en la casa de Dios,[162] debemos pedirle antes que nos haga
buenos guardianes de la puerta de nuestra propia casa; es
decir, que selle nuestra boca inhabilitándola para pronunciar palabras impropias; y que abra, en cambio, nuestros
labios *"para que nuestra boca publique su alabanza".*
Esta era la oración de David, y debería ser también la

---

[159] Se refiere a Eusebio Hiherónimo de Estridón [342-420]. Ver
nota 148 en este mismo salmo.

[160] Se refiere a Eunapio de Sardes, historiador y sofista griego del
siglo IV. Su obra más conocida es *Vida de los filósofos y sofistas,*
escrita alrededor del 405. En ella se refiere a Longino o Dionisio
Longino, un profesor de retórica o crítico literario de tendencia
neoplatónica, del cual solo se sabe que probablemente viviera entre
el siglo III el I a.c., pero al que se atribuye un famoso tratado titulado *De lo sublime,* una de las principales obras de crítica literaria
de la antigüedad clásica, junto con el *Arte Poética* de Aristóteles
y el de Horacio. Aunque su autoría es cuestionada, puesto que el
encabezamiento indica *"Dionysius o Longinus".* Es con respecto a
Longino que Eunapio afirma textualmente que era: "una biblioteca
viviente y un museo andante".

[161] Santiago 3:6.

[162] Salmo 84:10.

nuestra. Y para lograr que sea así, nos ayudará recordar estos tres puntos:

(1) ¿Quién lo hace?: *El Señor.*

(2) ¿Qué hace?: *Abrir mis labios.*

(3) ¿Por qué lo hace?: *Para que mi boca publique su alabanza.*

En lo que respecta al primer punto: Quien lo hace es el Señor. ¿Por qué? Porque el hombre, por sí mismo, es absolutamente incapaz de desatar las ligaduras de su lengua tartamuda; solamente Dios puede abrir *"una puerta para la palabra"*.[163] Cuando una buena idea acude a nuestra mente, ello es *gratia infusa;* si se trata de una palabra acertada, es *gratia effusa;* si una buena obra *gratia diffusa*.[164] El ser humano es como una cerradura, y el Espíritu de Dios tiene la llave, con la *"que abre y ninguno cierra, y cierra y ninguno abre"*.[165] Abrió el corazón de Lidia para que estuviera atenta al mensaje de Pablo;[166] abrió los oídos del profeta para que escuchara bien;[167] abrió los ojos del siervo de Eliseo para que viera.[168] Por tanto, siendo que en el versículo anterior el salmista pudiera parecer excesivamente categórico y concluyente al afirmar *"cantará mi lengua tu justicia"* (51:14); en este, cual si se corrigiera a sí mismo, pide al Señor que *abra sus labios* para

---

[163] Colosenses 4:3.

[164] El autor juega aquí con las diversas definiciones de TOMÁS DE AQUINO [1224-1274] y la llamada "escuela tomista" sobre la *"gratia infusa"* o *"gratia creata"* como acción libre y voluntaria de Dios al conceder la gracia. De ahí parte también la expresión "ciencia infusa" como conocimiento recibido directamente de Dios y no adquirido mediante estudio.

[165] Apocalipsis 3:7.

[166] Hechos 16:14.

[167] Isaías 50:4.

[168] 2ª Reyes 6:17.

poder llevar a cabo lo que pretende con propiedad. Viene a ser como si se dijera: «Oh, Señor, me siento incapacitado de cantar como es mi deseo, y no alcanzo a decir nada; pero *"abre tú mis labios"*, toca tú mi lengua, y entonces, sí tendré la plena seguridad de que mi lengua *"cantará tu justicia"*».

JOHN BOYS [1571-1625]
"The Works of John Boys", 1626

Señor, abre mis labios. De nuevo da la impresión de que al escribir estas palabras el salmista tenía presente el caso de los leprosos, con el labio superior cubierto[169] y gritando: ¡Inmundo, inmundo! Ora, por tanto, a Dios, como si fuera un leproso espiritual, implorando ser limpiado y facultado para proclamar a los cuatro vientos, libre y plenamente, las alabanzas de su Dios.

WILLIAM WILSON [1783-1873]
"The Book of Psalms: With an Exposition, Evangelical, Typical, and Prophetical, of the Christian Dispensation", 1860

Señor, abre mis labios. David ora aquí suplicando que sus labios sean abiertos. Dicho en otras palabras: que Dios le proporcione motivos y razones para la alabanza. El sentido o significado que por lo general suele darse a

---

[169] El autor hace referencia a Levítico 13:45, que la KJV, más literal al texto hebreo, traduce: *"And the leper in whom the plague is, his clothes shall be rent, and his head bare, and he shall put a covering upon his upper lip, and shall cry, Unclean, unclean"*, "Y el leproso en quien hubiere la plaga, llevará vestidos rasgados y su cabeza descubierta, **y se cubrirá el labio superior,** gritando: ¡Inmundo! !Inmundo!".

la expresión hebrea que utiliza el salmista,[170] es el de que
Dios dirija su lengua por medio del Espíritu, de tal modo
que le haga apto para cantar sus alabanzas Y sin embargo,
pese a ser cierto que Dios tiene que suministrarnos palabras, y que aun cuando no lo haga no podemos fracasar
en nuestra misión de proclamar sus alabanzas, David, en
este caso particular, parece más bien concluir que mejor
le conviene mantener la boca cerrada, hasta que Dios le
llame a abrirla para ejercitar la acción de gracias al exten-
derle su perdón.

JUAN CALVINO [1509-1564]

**Vers. 16. Porque no quieres sacrificio, que yo lo da-
ría; no quieres holocausto.** *[Porque no quieres sacrificio,
que yo lo daría; si te ofrezco holocausto, no lo aceptas.
RVR] [Tú no te deleitas en los sacrificios ni te complacen
los holocaustos; de lo contrario, te los ofrecería. NVI]
[Porque no te deleitas en sacrificio, de lo contrario yo lo
ofrecería; no te agrada el holocausto. LBLA]*

Porque no quieres sacrificio.[171] Este es el tema del salmo anterior, el Salmo 50. La iluminación divina del salmista veía mucho más allá del ritual simbólico del culto
hebreo; sus ojos de fe contemplaban con deleite la realidad de la futura expiación, que nosotros conocemos.
De lo contrario, te lo ofrecería. Con gusto David hubiera ofrecido en sacrificio decenas de miles de víctimas,
si ese hubiera sido el caso. Ciertamente, cualquier cosa

---

[170] En hebreo: שְׂפָתַי תִּפְתָּח *səpāṭay tip̄tah* de פָּתַח *pâthach,* (2ª Crónicas
6:40; 7:15; Isaías 50:5; Ezequiel 3:27).

[171] En hebreo: זֶבַח *zeḇah* de זֶבַח *zebach.*

que el Señor le hubiera prescrito, por difícil y compleja que se planteara, la hubiera llevado a cabo escrupulosamente. Una vez hemos pecado nos sentimos particularmente dispuestos a poner de nuestra parte cuanto haga falta para reparar el entuerto; listos para cualquier cosa y preparados incluso para dar todo lo que poseemos, si ello fuera necesario. Todo con tal de lograr ser limpios de nuestros pecados. Y cuando finalmente nuestro pecado es perdonado, la alegría y gratitud que nos invade en aquel preciso instante, estamos dispuestos s cualquier sacrificio. *No te agrada el holocausto.*[172] David sabía bien que en su caso particular, ningún holocausto ni ofrenda quemada podía aportar una propiciación satisfactoria. Intuye por tanto, en lo más hondo de su alma, la necesidad de ir más allá; de olvidarse del *tipo* y mirar directamente al *antitipo*, de olvidarse del rito externo y pasar a la gracia interna.

C. H. Spurgeon

Porque no quieres sacrificio. Puede que haya otra razón por la cual David afirma que, en este caso, Dios no acepta sacrificio ni se complace, como afirma a continuación, con holocaustos. La ley de Moisés no establece ni prescribe ningún tipo de sacrificio en concreto para expiar la culpa de los pecados de homicidio o adulterio. De acuerdo con la ley divina, la persona que había cometido tales crímenes era digna de muerte y debía ser castigada con la pena capital. Ello explica, pues, que David se exprese en semejantes términos, dando a entender que era completamente inútil y sin sentido tratar de recurrir a sacrificios y holocaustos como medio para expiar la culpa

---

[172] En hebreo: עֹולָה *'ōwlāh* de עֹלָה *olah*, "ofrenda quemada".

de sus delitos, dado que sus crímenes eran de tal naturaleza que no había en la ley ceremonial provisión legal alguna que se pudiera invocar para librarle de la irremediable
sentencia de muerte que recaía sobre él como justo castigo a sus horrendas acciones. Por tanto, el único sacrificio
posible y viable era, en todo caso, el que menciona en el
versículo siguiente: *"el espíritu quebrantado y el corazón
contrito y humillado"*.

JUAN CALVINO [1509-1564]

De lo contrario, te los ofrecería. Se trata de una reflexión lógica y sensata. Pues no tiene sentido que seres
miserables como nosotros, que nos arrastramos día tras
día ante la puerta del templo que se llama la Hermosa,[173]
implorando al Señor sus limosnas y recibiendo constantemente de él los bienes que su mano abierta y dadivosa nos
concede, siempre repleta con la plenitud de todas las cosas
vivientes; pretendamos conseguir gran cosa con la acción
de devolverle, a través de las ofrendas que la ley prescribe,
parte de lo que él mismo nos ha concedido previamente.

SAMUEL PAGE [1574-1630]
*"David's Broken Heart; or, an Exposition upon the whole
Fifty-one Psalm"*, 1646

Vers. 16, 17. Me hallaba yo meditando sobre las diversas cosas que podemos ofrecer a Dios a cambio de
la inmensa bondad y misericordia que ha mostrado con
nosotros; y vinieron a mi mente los *sacrificios,* pues me
consta que hubo una época en la que se complacía en ellos

---

[173] Hechos 3:2.

y su perfume le resultaba agradable.[174] Pero llegué a la conclusión de que los sacrificios no eran más que una sombra de las cosas que habían de venir,[175] y que hoy ya no tienen el sentido que tuvieron en otras épocas, puesto que *"las cosas viejas pasaron, y he aquí todas son hechas nuevas"*[176]; las sombras se han desvanecido, reemplazadas por la verdadera sustancia de aquello que había de ser.[177] Los toros y carneros que ahora han de ser sacrificados, son nuestros corazones.[178] Lo que complica las cosas y las pone muy difíciles; ya que sería mucho más fácil

---

[174] Génesis 8:21; Éxodo 29:18, 25; Levítico 8:28.
[175] Hebreos 8:5; 10:1.
[176] 2ª Corintios 5:17.
[177] Colosenses 2:13-17
[178] Dice al respecto AGUSTÍN DE HIPONA [353-429]: «David vivía en una época en la que todavía se ofrecían a Dios sacrificios de animales, pero en visión profética vislumbraba ya los tiempos futuros. ¿Acaso no nos sentimos identificados en sus palabras? Los antiguos sacrificios eran anuncio y figura del sacrificio único salvador y redentor. ¿Y qué sucede ahora? ¿Nos hemos quedado nosotros sin sacrificio que ofrecer a Dios? ¿No podemos ofrecerle nada? ¿Nos acercaremos a él con las manos vacías? (…) No. Lo que hemos de ofrecerle está al alcance de nuestra manos. No hace falta que nos esforcemos en comprar inciensos, basta con que le digamos: *"Te tributaré alabanzas"* (Salmo 56:12). No necesitamos ir lejos en busca un animal para inmolarlo, pues dentro de nosotros mismos está aquello que ofrendar: *"Sacrificio es para Dios un espíritu quebrantado; al corazón contrito y humillado no lo desprecias".* Desprecia por completo los toros, carneros y cabritos, pues la época de ofrecerlos quedó atrás; se ofrecieron cuando eran necesarios, cuando eran figura de la realidad que había de venir cuando eran promesa; pero una vez vino ya aquello que había sido prometido, las promesas carecen de sentido. Al corazón contrito y humillado, Dios no nunca lo desprecia, ya que precisamente por ser el Dios altísimo, actúa a la inversa de como actúan los hombres: Si te exaltas a ti mismo, se aleja; cuando te humillas, se te acerca».

ofrecerle en sacrificio toros y carneros, que entregarle mi corazón. Pero, ¿qué puedo hacer?, ¿Ofrecerle sacrificios y ofrendas que él no desea?[179] En cambio, me consta que mi corazón, sí le complace; y si está roto y quebrantado, y se lo ofrezco con penitencia y contrición, todavía le complace más. De hecho, ese es el único sacrificio en el que se deleita. Pero, ¿cabe imaginar que Dios sea tan indiferente como para aceptar algo roto y quebrantado? Y más aún, ¿que se complazca en ello? ¿No es inútil una cosa rota y quebrantada? ¿Podemos beber en un vaso roto? ¿Podemos apoyarnos en un cayado quebrantado? Pues parece ser que sí. Aunque algunas cosas cuando se rompen quedan inservibles, y por tanto, son inútiles; con el corazón y el sentido espiritual sucede todo lo contrario. Cuanto más roto y quebrantado está, mejores son las condiciones en que se encuentra. Ante todo, porque si no está partido, es imposible ver lo que hay dentro; y además, hasta que no está quebrantado no exhala su más dulce fragancia. Por ello, aunque Dios ama a un corazón noble y entero,[180] en lo que respecta al sacrificio, ama todavía más el corazón quebrantado.[181] Lo cual no ha de ser motivo de asombro ni supone, ciertamente, ninguna maravilla, si consideramos que es él mismo quien lo quebranta. Pues así como únicamente la sangre del macho cabrío puede ablandar el diamante;[182] nada, fuera de la sangre de nuestra víctima

---

[179] 1ª Samuel 15:22; Salmo 40:6; Isaías 11:1; Jeremías 6:20; Miqueas 6:6-8.

[180] Deuteronomio 6:5; Marcos 12:30; Lucas 10:27.

[181] Salmo 34:18.

[182] Se trata de una antigua tradición o superstición a la que hace referencia AGUSTÍN DE HIPONA [353-429] en su famosa obra *La Ciudad de Dios* (Libro 21, Capítulo 4); ISIDORO DE SEVILLA [565-636] en sus *Etimología* (Libro 16, 3:2-3) también lo menciona; así

propiciatoria, Jesucristo, puede quebrantar nuestros corazones adamantinos. Acepta pues, oh Dios, mi corazón; ese corazón quebrantado que te ofrezco por entero; pues sé que no lo vas a rechazar por ser entero, puesto que ha sido quebrantado en sacrificio; ni tampoco lo vas a rechazar por quebrantado, puesto que permanece entero en afecto.

RICHARD BAKER [1568-1645]
"Meditations and Disquisitions upon the Seven Psalmes of David,
commonly called the Penitential Psalmes", 1639

Vers. 17. Los sacrificios de Dios son el espíritu quebrantado; al corazón contrito y humillado no despreciarás tú, oh Dios. *[Sacrificio es para Dios un espíritu quebrantado; al corazón contrito y humillado no lo desprecias tú, oh Dios.* RVR] *[El sacrificio que te agrada es un espíritu quebrantado; tú, oh Dios, no desprecias al corazón quebrantado y arrepentido.* NVI] *[Los sacrificios de Dios son el espíritu contrito; al corazón contrito y humillado, oh Dios, no despreciarás.* LBLA]

Los sacrificios de Dios son el espíritu quebrantado. Cuando una persona presenta ante Dios los méritos del Salvador con espíritu quebrantado, es como si le estuviera ofreciendo todos los sacrificios posibles aglutinados en

---

como en una obra irlandesa medieval de cosmología titulada *"In Tenga Bithnua and the Days of Creation",* basada en un supuesto Apocalipsis apócrifo perdido y estructurada como exposición de los seis días de la creación. Sin embargo, carece de toda base científica.

uno solo.[183] Cuando un corazón gime a causa del pecado, Dios se siente más satisfecho que cuando el buey sangraba frente al altar bajo el filo del hacha. Un *"corazón contrito"* es una expresión que denota dolor profundo, amargura existencial; lleva implícita la idea de una intensa agonía, una angustia vital crucial para la propia existencia. Por ello un espíritu humillado y doliente por causa del pecado es tan eficaz y beneficioso, que traspasa todos los límites de un mero sacrificio, pues la pluralidad de sus virtudes es de tal magnitud, que Dios lo valora como el mejor de los *sacrificios,* razón por la cual el salmista lo califica y denomina como: זִבְחֵי אֱלֹהִים *zibḥê 'ĕlôhîym: "Los sacrificios de Dios",*[184] añadiendo a continuación: *"al corazón contrito y humillado no despreciarás tú, oh Dios".* Porque un corazón destrozado es un corazón fragante. Los hombres menosprecian y se apartan de todos aquellos que juzgan ante sus propios ojos como despreciables; el Señor no ve las cosas en el mismo orden ni las valora de igual manera. Todo lo contrario, menosprecia aquello que los hombres estiman y valora lo que los hombres desprecian. Dios jamás ha desairado a un alma humilde y penitente, y nunca

---

[183] Esto mismo afirmaba Martín Lutero [1483-1546]: «Tanto complacen a Dios nuestras tribulaciones, que ante él, una sola de ellas es como mil sacrificios. Si una persona cree de veras, su espíritu quebrantado y humillado, es mayor sacrificio que todos los holocaustos del Levítico».

[184] La misma idea expresa el predicador puritano Francis Roberts [1609-1675], en un famoso sermón titulado: *"A broken spirit, God's sacrifices. Or, The gratefulnesse of a broken spirit unto God"* sermón predicado frente la *Honourable House of Peeres,* en la capilla del rey Enrique VII, en la Abadía de Westmisnter, el miércoles 9 de diciembre de 1646. Publicado en Londres en 1647 por George Calvert. Puede que Spurgeon se inspirara en ella.

lo hará, pues esencia es amor[185] y Jesús su llamado refugio de pecadores.[186] No desea bueyes ni machos cabríos; pero busca ansiosamente corazones contritos; ya que para él, un solo corazón contrito, es más valioso que toda la gama de ofrendas del antiguo santuario judío.[187]

C. H. Spurgeon

Los sacrificios de Dios son el espíritu quebrantado, el corazón contrito y humillado. Hablando de gratitud podría haber dicho: *"el corazón alegre y gozoso"*, o cuanto menos: *"el corazón agradecido"*. Pero no, dice categóricamente: *"el corazón contrito"*. El gozo del perdón no exime al penitente del dolor y la contrición por el pecado cometido: siguen en vigor. Y cuanto más profundo sea el sentimiento de pecado y más sincero el dolor que produce; tanto más intensa será la gratitud por el perdón recibido y el gozo por la reconciliación alcanzada. En consecuencia, un corazón tierno, humilde, y quebrantado es la mejor ofrenda.

John James Stewart Perowne [1823-1904]
"The Book of Psalms: a new translation with introductions and notes, explanatory and critical", 1876

---

[185] 1ª Juan 4:8.

[186] Lucas 15:2.

[187] Matthew Henry [1662-1714] dice al respecto: «No es obra liviana la que aquí se insinúa, sino la más honda, pues se trata del quebrantamiento del espíritu, no en desesperación, sino en humillación propia y detestación del pecado; un corazón rendido y sometido en obediencia a la Palabra de Dios; un corazón enternecido, como el de Josías, tembloroso ante la Palabra de Dios. El quebrantamiento del cuerpo (no de los huesos) de Cristo fue el único sacrificio capaz de expiar el pecado, pues ningún otro sacrificio puede quitarlo; pero el quebrantamiento de nuestro corazón a causa del pecado es un sacrificio de reconocimiento y alabanza. El *Midrás* hace notar que, mientras la fractura de un miembro descalifica a un animal para el sacrificio, el quebrantamiento del espíritu humano es aceptable para Dios».

El corazón contrito y humillado. La palabra hebrea que nuestras versiones traducen por *contrito:* וְנִדְכֶּה *wənidkeh* de דָּכָה *dâkâh,* lleva implícita la idea de algo roto en múltiples pedazos; triturado, como lo que se machaca en un mortero.[188] Y aplicada al aspecto moral y espiritual, significa que el peso del dolor experimentado a causa del pecado cometido es tan intenso, que acaba por aplastar, triturar y majar por completo la mente de aquel que lo experimenta, a menos que reciba el auxilio adecuado en el momento oportuno.

SAMUEL CHANDLER [1693-1766]
"A Critical History of the Life of David. Exposition to Psalm 51", 1766

Vers. 18. Haz bien con tu benevolencia a Sión; edifica los muros de Jerusalén. *[Haz bien con tu benevolencia a Sion; reedifica los muros de Jerusalén.* RVR*] [En tu buena voluntad, haz que prospere Sion; levanta los muros de Jerusalén.* NVI*] [Haz bien con tu benevolencia a Sión; edifica los muros de Jerusalén.* LBLA*]*

En tu buena voluntad, haz que prospere Sión. Conforme a tu voluntad soberana, haz que sean derramadas sobre tu monte santo y ciudad escogida, las mejores y más grandes bendiciones. Sión era el lugar favorito de David, en el cual tenía la esperanza de levantar un templo a Dios. Y esa pasión por Jerusalén, y su obsesión para edificar allí el templo, es tan intensa, que una vez ha descargado su conciencia, considera que debe añadir unas palabras

---

[188] Números 11:8.

referentes a Sión. Intuía que con su conducta había dañado sensiblemente el proyecto de honrar allí al Señor según había sido su deseo; pero no se da por vencido y sigue orando por ello, pidiendo a Dios que haga bien a Sión; que el lugar donde él proyectaba que debía reposar el arca, fuera un lugar especial, protegido y glorioso, y que Dios estableciera allí su culto y la asamblea de todos sus adoradores.

Edifica los muros de Jerusalén. Amurallar la ciudad santa, había sido uno de los grandes proyectos de David; y desea verlo completado.[189] Creemos que sus palabras encierran un significado espiritual más profundo y que oraba más bien por la prosperidad de la causa del Señor y de su pueblo, al que con su pecado había causado mucho daño, y desde una perspectiva moral había derribado sus murallas. Por consiguiente, implora al Señor que deshaga todo el mal que con su proceder ha causado a su pueblo, su Iglesia, y que la establezca y fortalezca. Dios puede hacer que su causa prospere, y en respuesta a la oración, lo hará. Sin su participación todo nuestro trabajo es en vano;[190] por ello debemos mantenernos más activos y constantes en la oración. Pues si no experimentamos en nuestro interior un anhelo constante y sentimiento creciente en favor de la Iglesia, y mantenemos un interés permanente en su prosperidad y bienestar, es señal de que la gracia no está en nosotros.

C. H. Spurgeon

En tu buena voluntad. Todo aquello que nos proponemos, anhelamos o pretendemos, debe ajustarse siempre a

---

[189] 1ª Crónicas 11:7-8.
[190] Salmo 127:1.

esta limitación: *"tu buena voluntad"*. O dicho en otras palabras, a lo que a Dios agrade. ¡Edifica tu Iglesia, Señor, pero hazlo *en tu buena voluntad!* ¡Hazlo de acuerdo con tu calendario sabio, a tu manera sobresaliente! ¡Edifica la muralla exterior que separa la iglesia del mundo; y haz que tus hijos permanezcamos *en su interior*, dentro de ella, no *fuera* de ella, protegidos así del mal! ¡Edifica también los muros internos de cohesión que ligan a tus hijos unos con otros, que unen a tu pueblo en uno solo con un mismo propósito, para que tus hijos puedan ser uno en ti![191] ¡Oh sí, Señor edifica! ¡Pero también derriba! ¡Derriba y arrasa todas las paredes internas que dividen y separan a tu pueblo; y apresura aquel día glorioso en el cual, así como hay un solo Pastor, también todos tus hijos formarán un solo rebaño![192]

THOMAS ALEXANDER
"The Penitent's Prayer: a Practical Exposition of the Fifty-first Psalm", 1861

Vers. 18-19. Algunos eruditos e interpretes judíos, a pesar de que adscriben sin cuestionamiento el cuerpo de este salmo cincuenta y uno a la ocasión especial mencionada en el título, conjeturan que los versículos dieciocho y diecinueve fueron añadidos posteriormente[193] por algún

---

[191] Juan 17:20-23.

[192] Juan 10:16.

[193] En el siglo XX, prácticamente todos los exégetas bíblicos, incluidos los más conservadores, concluyeron que los versículos 18 y 19 son, en efecto, una añadidura posterior. Pero los motivos de esa adición siguen planteando discrepancias. Mientras algunos como KRAUS entienden que «son una adición posterior, que corrige sorprendentemente los pensamientos sobre el sacrificio expuestos en el v. 16» y cita en este sentido a HERMANN GUNKEL [1862-1932] que lo

escriba en época de la cautividad babilónica. Esta misma opinión comparten también Venema,[194] Green,[195] Street,[196] French[197] y Skinner.[198] Sin embargo, no parece haber base

plantea de la siguiente manera: «Una persona piadosa, que vivió en época posterior, y que era angustiosamente legalista, no fue capaz de comprender los elevados sentimientos del salmista y se escandalizó en lo más íntimo de que el salmista hablara tan libremente de los sacrificios preceptuados por el mandamiento santo de Dios»; otros no lo ven igual, como es el caso de Francisco Lacueva [1911-2005], que en su traducción del *Comentario Bíblico de Matthew Henry*, hace al respecto la siguiente observación: «Es opinión común que estos versículos (18-19) son una añadidura, probablemente colectiva, efectuada entre los años 587 (fecha de la destrucción de los muros de Jerusalén) y 450 a.C. (fecha en que comenzaron a restaurarse bajo Nehemías). No es que el redactor (inspirado por Dios) añada lo de los sacrificios como para contrarrestar la impresión desfavorable que los versículos 16 y 17 pudiesen haber causado con respecto a los sacrificios legales, pues él mismo dice *"sacrificios de justicia"*, es decir, ofrecidos con rectitud de intención y por motivos justos, condiciones indispensables para ser aceptados por Dios».

[194] Se refiere al teólogo reformado holandés Hermann Venema [1697-1787], profesor de teología en Franecker.

[195] Se refiere a William Henry Green [1825-1900], pastor de la *Central Presbyterian Church* en Philadelphia (Estados Unidos) y profesor de lengua y literatura oriental en Princeton. Escribió numerosas obras entre las que destaca como más significativa su *"Grammar of the Hebrew Language"*, 1861.

[196] Se refiere a Stephen Street [1756-¿?], profesor en *Queens College*, Oxford (Reino Unido); Rector de *Treyford* in Sussex; autor de *"A New Literal Version of the Book of Psalms"*, 1790.

[197] Se refiere a William French [1786-1849], del *"Jesus College"*. Coautor con George Skinner [1784-1871] de *"A New Translation of The Book of Psalms from the original Hebrew with Explanatory Notes"* y de *"A New Translation of the Proverbs of Solomon from the original Hebrew, with explanatory notes"*.

[198] Se refiere a George Skinner [1784-1871], miembro y tutor del *"Jesus College"*. Ver nota anterior.

suficiente para adscribir este poema, ya sea en parte o en su totalidad, al período babilónico. Ni los muros de Jerusalén ni los edificios y construcciones de Sión, tales como el palacio real o la majestuosa estructura del templo, cuya edificación como lugar de culto a Dios había proyectado David,[199] se completaron a lo largo su reinado, sino durante el reinado de su hijo Salomón.[200] Por tanto, la oración del versículo dieciocho puede identificarse fácilmente como una referencia particular al deseo de David de completar esas construcciones, en especial la construcción del templo, donde tendrían lugar sacrificios de una magnitud sin precedentes. Sus temores y miedos internos hacen que David intuya la posibilidad de que sus crímenes puedan convertirse en un estorbo, o incluso llegar a bloquear por completo la edificación del templo que Dios le había prometido que edificaría.[201] En consecuencia, y a modo de prevención, como tan acertadamente comenta el obispo Horne:[202] «El rey no se olvida de implorar misericordia a favor de su pueblo, tanto o más que favor de sí mismo. A fin de que ni sus propios pecados, ni los del pueblo, puedan llegar a convertirse en un estorbo a la edificación, florecimiento y prosperidad de la Jerusalén terrenal. O infinitamente peor aún, por ser de mayor importancia, a la bendición prometida del futuro Mesías, que

---

[199] 2ª Samuel 7:1.

[200] 1ª Reyes 3:1.

[201] 2ª Samuel 7:13.

[202] Se refiere a GEORGE HORNE [1730-1792], predicador y teólogo inglés, presidente del *"Magdalen College"* y posteriormente Vicerector de la Universidad de Oxford. Autor de numerosas obras, es conocido especialmente por su famoso *"Commentary on Psalms"*, "Comentario al Libro de los Salmos" publicado en 1771.

debería descender de su linaje y edificar los muros de la Nueva Jerusalén».

JAMES ANDERSON [1804-1863]
en una nota al pie en su traducción al inglés de los comentarios de
JUAN CALVINO [1509-1564]

Vers. 19. ***Entonces te agradarán los sacrificios de justicia, el holocausto u ofrenda del todo quemada; entonces ofrecerán becerros sobre tu altar.*** *[Entonces te agradarán los sacrificios de justicia, el holocausto y ofrendas enteras; entonces ofrecerán becerros sobre tu altar.* RVR] *[Entonces te agradarán los sacrificios de justicia, los holocaustos del todo quemados, y sobre tu altar se ofrecerán becerros.* NVI]. *[Entonces te agradarán los sacrificios de justicia, el holocausto y el sacrificio perfecto; entonces se ofrecerán novillos sobre tu altar* LBLA]

Entonces te agradarán los sacrificios de justicia, el holocausto u ofrenda del todo quemada; entonces ofrecerán becerros sobre tu altar. "¡Entonces!", en los días futuros que se perfilan, los santos presentarán ante Dios en abundancia las más valiosas y santas ofrendas de gratitud; y el Señor se complacerá en aceptarlas. El alma redimida espera ver sus oraciones contestadas en una iglesia reavivada, y ello le aporta la seguridad de que Dios es glorificado. Pese a que ya no ofrecemos sacrificios por el pecado; no obstante, como sacerdotes que somos ante el Señor,[203] nuestras solemnes alabanzas y dones votivos[204]

---

[203] Isaías 61:6; 1ª Pedro 2:5, 9; Apocalipsis 1:6.
[204] Salmo 66:13; 116:14,18.

constituyen ofrendas de acción de gracias aceptables a Dios por medio de Cristo Jesús. No traemos al Señor aquello que ya no necesitamos o consideramos de poco valor –nuestras palomas y tórtolas– sino que presentamos ante él lo mejor que tenemos, nuestras más valiosas posesiones, –nuestros becerros–. Y nos sentimos satisfechos y agradecidos de que ya en la época presente tengamos la oportunidad y capacidad, anticipando el futuro, de poder cumplir en persona lo que expone este versículo; mientras aguardamos con ansia el día glorioso de la plenitud de la presencia divina, cuando la Iglesia ofrecerá sobre el altar de Dios, con gozo indecible, dones que eclipsarán con su fulgor, con creces, todo lo que le ofrecemos ahora, en estos días presentes de menor entusiasmo. ¡Apresura, oh Señor, ese día!

C. H. Spurgeon

COLECCIÓN LOS SALMOS

Salmo 1
La Integridad. Salmo Prefacio

Salmo 8
El Nombre. Salmo del astrónomo

Salmo 19
La Creación. Salmo de la creación

Salmo 23
El Pastor. Salmo del pastor

Salmo 27
La Confianza. Confianza triunfante y suplicante

Salmo 32
El Perdón. Salmo Paulino

Salmo 37
La Impaciencia. Antídoto contra la impaciencia

Salmo 51
El arrepentimiento. Salmo del penitente

Salmo 84
La Alabanza. La perla de los Salmos

Salmo 90
El Tiempo. De generación en generación

Salmo 91

*La Protección. **El abrigo del altísimo***

Salmo 100 y 117

*La Gratitud. **Con una sola voz toda la Tierra y el Salmo más corto***

Salmo 121

*El Guardián. **El guardián de Israel***

Made in the USA
Monee, IL
07 July 2026

56547983R00079